가난한 자에게 복음을

Good News to the Poor

가난한 자에게 복음을
한호기독교선교회 백주년기념화보집
Good News to the Poor
Centennial Memorial Photo Book of
Mission for Christ Church of Korea & Australia

2021년 9월 14일 초판 1쇄 인쇄
2021년 9월 24일 초판 1쇄 발행

편저자 | 양명득
발간인 | 인명진
발간처 | 재단법인 한호기독교선교회
펴낸곳 | 도서출판 동연
등   록 | 제1-1383호(1992. 6. 12)
주   소 | 서울시 마포구 월드컵로 163-3
전   화 | (02) 335-2630
전   송 | (02) 335-2640
이메일 | yh4321@gmail.com

Title: Good News to the Poor
Editor: Myong Duk Yang
Publisher: In Myung Jin
Publication: Mission for Christ Church of Korea & Australia

ISBN 978-89-6447-690-1 03200

Centennial Memorial Photo Book of Mission for Christ Church of Korea & Australia

한호기독교선교회 백주년기념화보집

가난한 자에게
복음을

Good News to the Poor

양명득 Myong Duk Yang 편저

동연

머리말

호주빅토리아장로교회는 130여 년 전인 1889년부터 한국에 선교사를 파송하였다. 그리고 1924년, 부산에 '빅토리아장로교 유지재단'을 설립하였다. 그 후 부산과 경남에서 교육, 의료, 복지, 선교 등의 분야에 많은 건물을 세워 운영하며, 수많은 한국인 직원들의 봉급을 주었다. 그 일을 할 수 있었던 것은 빅토리아 주 소재의 여러 교회와 회원들의 정성 어린 모금과 후원이 있었기 때문이다.

유지재단은 1942년 일제에 의하여 호주 선교사들이 강제 추방당했을 때와 1953년 한국전쟁 후에 많은 재산과 건물을 지역 교회나 유관 단체에 양도해 주었다. 그 와중에 적지 않은 재산이 일반인에게 넘어가기도 하였다.

그 재단이 지금은 '한호기독교선교회'라는 이름으로 부산의 일신기독병원 운영 등 여러 가지 사업을 하며 역사와 정신을 이어가고 있다.

본 화보집은 호주 선교사들이 각 방면에서 사역한 발자취를 한눈에 볼 수 있도록 엮은 책이다. 특히 영문으로도 구성되어 호주의 젊은이들이 관심과 자부심을 가지고 볼 수 있도록 하였다. 한국의 가난하고 억눌린 자에게 구원의 기쁜 소식을 주었던 호주 선교사들의 정신이 백 년 후에도 계속 이어지기를 기도한다.

인명진(한호기독교선교회 이사장)

Preface

More than 130 years ago in 1889, the Presbyterian Church in Victoria, Australia, commenced sending missionaries to Korea. In 1924, they registered as a 'Juridical Person' in the Busan court and continued to build and operate schools, medical facilities, welfare centers, and churches including the salaries of the Korean staff. This was only possible through fund raising and financial support by members and congregations in Victoria.

When the missionaries were expelled by the colonial Japanese Government in 1942 and again after the Korean War in 1953, the Australian Mission transferred their property to local Korean churches and related organizations. During the time of turmoil, some properties were taken over by some individuals and groups.

The 'Presbyterian Church in Victoria Juridical Person' has now been renamed as 'Mission for Christ Church of Korea and Australia' and it continues the its history and purpose.

This centennial memorial photo book shows the work of Australian missionaries from a bird's eye view. The bi-lingual content would assist young generation in Australia to appreciate the special relationship between Korea and Australia. The spirit of Australian missionaries to be with the poor and oppressed should go on for another hundred years.

Dr. In Myung Jin(President, Board of Directors, Mission for Christ Church of Korea and Australia)

Celebratory Message

I am honoured to be asked to write a message in celebration of the centenary of the registration of the Australian Mission in 1924. The vital work of the Mission in health care, education and pastoral care began in earlier decades and the photographs reproduced in this book bear witness to the hard work and determination of many people.

My family is proud of our connection to the Australian Mission in Korea, dating from the arrival of my great-grandfather Reverend Gelson Engel, his wife Clara and three children in 1900. My grandfather Max Wilfred (Bill) Engel was born in Busan in 1901. After Clara's death in 1906, my great-grandfather married Agnes Brown who had been a missionary in Busan since 1895.

My father Reverend Richard Engel, who died last year at the age of 91, was honoured to visit Korea in 2000 and see the places where his grandfather had undertaken his life's work for 38 years. I also have many fond memories of my own visit to Busan and Seoul in 2007.

With congratulations and best wishes to the Mission and the Author.

Maggie Shapley (Archivist Emerita, Australian National University)

축하의 글

호주선교회가 1924년 법인이 된 것을 축하하는 기념화보집에 축하의 글을 쓰게 되어 영광으로 생각한다. 선교회는 그 전부터 의료, 교육 목회 등의 주요 활동을 하고 있었다. 본 도서에 담긴 사진들이 당시 그들의 환경과 헌신의 모습을 잘 증언하고 있다.

나의 가족이 호주선교회와 관련이 되어있어 자랑스럽게 생각한다. 1900년 증조부인 엥겔과 그의 아내 클라라 그리고 3명의 자녀들이 한국에 도착하였다. 나의 조부인 맥스 윌프레드(빌) 엥겔은 1901년 부산에서 태어나셨다. 1906년 클라라의 죽음 이후, 엥겔은 1895년부터 호주선교사로 부산에 있던 아그네스 브라운과 결혼하였다.

나의 부친 리처드 엥겔 목사는 91세로 작년에 돌아가셨다. 그는 2000년에 한국을 방문할 기회를 가졌는데, 자신의 조부가 38년 동안 헌신한 곳을 볼 수 있었다. 나도 2007년 부산과 서울을 방문하였던 좋은 추억을 가지고 있다. 본 도서를 발행한 한호기독교선교회와 저자에게 축하를 전하며 건승을 빈다.

메기 샤플리 (호주국립대학 명예 고문서관 담당자)

축하의 글(Celebratory Message)

한국전쟁의 참화 속에서 시작된 일신 산부인과는 맥켄지 자매의 고귀한 사랑에서 시작되었다. 사실 한국에서 의료병원의 필요성은 그 두 분의 부친인 맥켄지 선교사가 나환자를 돌보면서 시작되었고, 그것을 보고 자란 두 딸이 대를 이어 그 당시 가장 절실했던 산모와 아이들의 건강을 위해 산부인과 의사와 조산사가 되면서 이어지게 된 것이다. 일신산부인과로 시작되어 일신부인병원이 되고 지금은 일신기독병원으로 더욱 성장하면서 현재는 4개의 병원이 운영되고 있다.

뿐만 아니라 병원을 운영하는 한호기독교선교회는 호주 선교사의 정신을 이어받아 한국보다 더 열악한 의료 환경에 처해있는 미얀마의 양곤노동자병원과 협진하며, 선교사를 파송하여 그곳의 가난하고 소외된 사람들과 영적, 육적으로 기쁜 소식을 나누고 있다.

한호기독교선교회 설립 100주년을 내다보며 호주 선교사들의 발자취를 사진 기록으로 남기게 되어 뜻깊게 생각하며, 앞으로도 무궁한 발전이 있기를 기도한다.

김정혜Dr. Kim Jung Hye(화명일신기독병원 명예원장, 한호기독교선교회 파송 미얀마 선교사)

저자의 글(From the Author)

올해는 한국 정부와 호주 정부가 공식 수교한 지 60주년이 되는 해이다. 한호영사협정은 1953년 시작되었지만, 양국은 1961년이 되어서야 '정식 외교관계 수립에 관한 공동성명'을 발표하였다.

그다음 해 시드니에 한국대사관을 설립하였고, 서울에는 호주대사관을 개관하였다. 한국과 호주의 공식 외교 관계 성립은 한국전쟁 후 10여 년의 노력 끝에 결실을 맺었다.

그러나 한국과 호주의 민간 관계 역사는 130년이 넘었다. 헨리와 메리 데이비스라는 호주 빅토리아 주의 한 남매가 1889년 조선 땅에 발을 들여놓은 이후, 목사, 의사, 간호사, 교육가, 복지사업가 등의 남녀선교사가 특히 부산과 경남지방에서 다양한 종류의 관계를 수립하였다. 한국에서 호주를 방문한 첫 남녀 유학생도 이 관계망을 통하여 갈 수 있었다.

그 이후 한국전쟁을 거치면서 한국과 호주의 관계는 나날이 발전하여 양국의 교역 확대는 계속되고 있다. 호주는 한국의 4번째로 큰 교역 파트너이자, 거대한 무역 시장이다.

130여 년 전부터 지금까지 민간외교의 기초를 놓았던 호주 선교사들의 발자취가 본 화보집에 소개되었으며, 그분들의 사랑과 돌봄의 정신이 교회 선교에서뿐만 아니라, 양국 다중의 관계 속에서도 계속 이어지기를 희망한다.

양명득Dr. Myong Duk Yang(호주와한국문화연구원 원장)

목차

교육
Education

의료
Medical

복지
Welfare

1 교육
Education

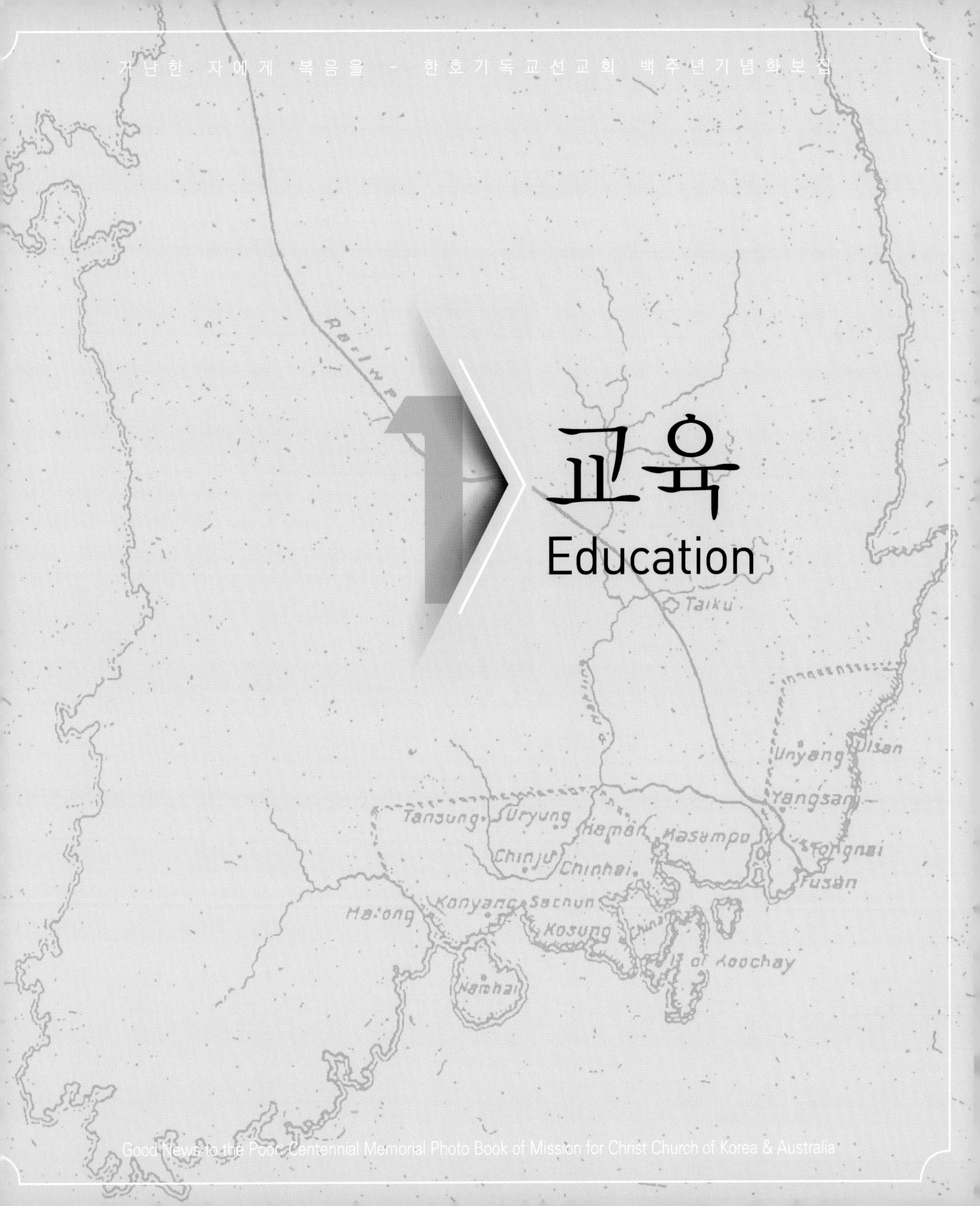

교육
Education

1911년 한국주재 호주선교회는 부산경남에서의 교육 선교 정책을 다음과 같이 결정하고 있다.

"소녀들을 위한 초등학교에 관한 우리의 정책은 선교회는 선교사 인원이 거주하는 각 선교부에 초등학교를 운영한다... 우리 선교회가 대학교를 운영하는 것은 우리의 정책이 아니다..." (더 레코드, 부산진, 1911년 1월)

호주선교회는 처음부터 가난하고 사회에서 소외된 소녀와 소년들 위주로 주간과 야간 학교를 운영하였는바, 그 시작이 일신여학교였다. 부산진 일신여학교는 벨레 멘지스가 고아원을 운영하면서 그 아이들을 위한 소학교 과정을 1895년 설립하였다. 그것이 학교로 발전되어 부산경남지방의 첫 근대 여성 교육기관이 되었다. 이곳에서 교육을 받고 졸업한 학생들이 후에 타 지역의 교사로 파송되었고, 한국 사회의 지도자가 되기도 하였다.

부산에서 초등학교가 시작되자 진주에서는 넬리 스콜스가 여학교를 발전시키기 시작하였다. 그녀는 특히 교육가로 애정을 가지고 남녀학생을 가르쳤는데, 학교 건물이 없어 진주 교회당과 한 낡은 교실에서 돌아가며 공부하였다. 1908년에 학생 수는 모두 합하여 약 100명이었다.

스콜스의 동역자인 메리 켈리는 당시 한국 여성들은 남성공동체에 의하여 학대당했고, 어리석고 교육

받을 수 없는 사람들로 여겨졌다고 말하고 있다. 그러나 호주선교부의 여학교에서 공부하고 있는 소녀들을 보면 그것이 얼마나 오랫동안 잘못된 생각이었는지 알 수 있다고 했다.

이 여학교의 이름은 원래 정숙학교로 후에 발전하여 시원여학교가 되는데 여기에 관한 기록은 현재 한국의 독립기념관 사료에서도 발견할 수 있다.

"1906년 9월 진주군 대안면 2동에 사립 정숙학교라는 이름으로 개교하였고, 1909년 8월 남학교인 안동학교와 통합하여 사립 광림학교로 인가 받아, 광림학교 부속 여자부, 광림여학교로 불리었다. 1924년 11월 5일 광림학교로부터 분리되어 여학교로 인가를 받아 시원여학교로 교명을 변경하였다.

1925년 1월 옛 광림학교 운동장 부지에 목조 2층 120평짜리 교사를 신축하고 다시 개교하였다. 그 이름은 정숙학교 초대교장으로 1919년 사망한 시넬리를 기리어 시넬리의 정원이라는 뜻으로 지은 것이다." (시원여학교 터 신사참배 거부 운동지, 국내독립운동-국가수호사적지, 독립기념관, 2019)

여기에서 말하는 시넬리가 바로 스콜스이며, 그녀는 이 학교를 통하여 진주에 많은 신여성을 배출하였다.

그런가하면 마산에는 이다 맥피가 있었다. 그곳에는 앤드류 아담슨이 이미 세운 독서숙 즉 창신학교가 있었는데, 맥피는 부임하자마자 호주선교부의 승인 하에 여학생만을 위한 공부반을 준비하고 있었다.

처음에는 여학교 건물이 따로 없었기에 여학생들은 남학교 교실을 사용했는데, 남녀학생이 따로 나뉘어져 공부하였다. 그러다가 호주 빅토리아여선교연합회의 지원으로 여학교 건물이 완공되어 1913년 4월 17일 개교식이 있었다. 건물은 한국식으로 L자 모양이었고, 한편은 교실이 4개, 다른 한편은 교실이 2개였다. 당시 학생은 39명이었고, 5개의 반이 있었다. 그리고 얼마 후에 여학생들을 위한 기숙사도 세워짐으로 마산 지역의 서양식 교육이 본격적으로 전개되었다.

한 가지 흥미로운 사실은 마산의 의신여학교와 진주의 시원여학교가 1923년 3월 '여학생의 야구전'을 하였다는 사실이다. 이것은 조선에서 첫 여자 야구 시합으로 당시 많은 관심을 불러 일으켰는데, 호주선교회는 남녀 학생들의 올바른 운동 정신 함양에도 힘썼다. (동아일보, 1925년 3월 14일, 2)

통영의 여학교인 진명학교는 에이미 왓슨에 의하여 시작되어 이 지방 근대 교육의 시초가 되었다. 그러나 일본 당국이 진명학교를 정식 초등학교로 인가하지 않자, 산업학교로 발전하기 시작하였다. 후에는 에이미 스키너 등이 교장을 역임하였다.

진명학교의 목적은 가난한 소녀들과 부인들에게 안전한 피난처를 제공하면서, 그들에게 초등 교육과 수공예 등 기술을 가르쳐, 후에 사회에 나가 직장을 가지고 당당하게 살도록 돕는 사역이었다.

한편 거창의 스텔라 스코트는 호주선교사공의회에서 위임한대로 후에 명덕강습소로 알려지는 학교를 돌보기 시작하였다. 1916년 당시전체 학생은 21명이었다. 한국인 교사가 두 명있었는데, 그 중에 한명은 막 부임한 부산진의일신학교 졸업생이었다. (크로니클, 1917년 1월 1일, 3)

1917년에는 학생 수가 45명이 되었고, 다른 호주선교부 여학교에 비하면 적은 숫자이지만 얼마 안 된 거창선교부로서는 적당한 규모였다. 스코트는 다음과 같이 기록했다.

"3학년에 많은 학생들이 등록을 한 것은 감사할 일로, 26명의 여학생들이 반이 시작된 후로 매년 공부를 하였다는 의미이고, 이번에 수료를 하게 되면 성경의 기초가 튼튼한 좋은 일꾼들이 될 것이기 때문이다." (크로니클, 1917년 6월 1일, 4)

초등학교에 더하여 호주선교회는 마산에 남자 중고등학교인 호신학교를 1925년부터 운영하였고, 같은 해 부산 동래에는 동래일신여학교를 개교하여 운영하기 시작하였다. 특히 중고등학교인 동래일신여학교는 호주선교회가막대한 예산을 들인 교육기관이었다. 이 학교

이다 맥피
한국명: 미희
(1881-1937)
한국에서 순직

출생지: 호주 빅토리아 탈봇
직업: 학교 교사
선교지: 마산, 부산
선교내용: 의신여학교 교장, 학교와 교회 교사 훈련
감사기록:
"맥피의 생애는 그녀 주변 많은 사람에게 영감이었다. 그녀와 만나는 사람들은 그녀의 진실한 인간성으로 격려를 받았고, 그녀는 다른 이들의 사역을 관대하게 격려하므로 그들이 최고로 베풀 수 있도록 도왔고, 그녀의 가장 큰 재능인 넓은 품은 그녀를 찾는 모든 계층의 필요에 따라 넉넉하게 베풀었다." (더 레코드, Vol 24, 1937, 151)

Name: Ida McPhee
Birth & Death: 1881-1937
Place of Birth: Talbot, Victoria Australia
Profession: School Teacher
Place of Work: Masan, Busan
Major Work: Principal of Euisin School, Training School and Church Teachers
Memorial Record: "Her life was an inspiration to all around her. Her genial personality cheered those who came in contact with her; her generous appreciation of the work of others led them to give of their best; and her large-heartedness, one of her greatest gifts, drew to her the needy of all classes, ans to all who came, according to their need, she gave freely of herself." (The Records, Vol 24, 1937, 151)

015

Good News to the Poor
Centennial Memorial Photo Book of
Mission for Christ Church of Korea & Australia

는 마가렛 데이비스가 설립하여 일제로부터 추방될 때까지 운영하였고, 그 후 동래여자중학교와 동래여자고등학교로 발전되어 부산지역 사회의 유명 교육 기관으로 성장하여 2020년 개교 125주년을 맞이하였다.

뿐만 아니라 호주선교회는 각 선교부에 유치원을 개원하였다. 유치원을 통하여 어린이 교육에 힘쓸 뿐만 아니라 유치원 교사 교육 훈련도 정기적으로 시행하여, 그 교사들이 전국으로 흩어져 어린이 교육을 하였다.

한국 역사의 근대 교육에 있어서, 특히 부산경남에서의 호주선교회의 인적, 재정적, 교육적 공헌은 말로 다할 수 없이 크다고 할 수 있다.

⦿

In 1911, the Australian Presbyterian Mission in Korea resolved on the following educational policy:

"that as regards primary schools for girls our policy is that the mission should maintain a primary school in each of the stations where missionaries reside... it was moved that it be not the policy of the mission to run a university of its own..." (The Record, Busanjin, Jan, 1911)

From the beginning, the Australian Mission focused on day and night schools for boys and girls who were poor and alienated from society. The first was Busanjin Ilsin school in Busan opened in 1895 by Belle Menzies who taught primary school lessons to orphans she looked after. This school developed as a recognized school by the Government and became the first modern school for girls in Busan and Kyungnam Province. Among the graduates were some who worked in schools in other parts of the province and some who became leaders in Korean society.

In Jinju, there was Nellie Scholes who began developing a school for girls. She, a fully qualified teacher sent by the Church in Victoria, Australia, taught girls and boys at an old room and at the Jinju church building. There were about 100 students in 1908.

At that time in Korean history, girls were looked down upon and were considered to be uneducatable objects. However, Scholes witnessed that this was a misconception as she saw the progress of the girls' study.

This primary school was originally called Jungsuk School but later renamed as Siwon Girls School which was the Korean name of the late headmaster Scholes. The Independence Hall of Korea records on the following regarding the school.

"The private Jungsuk School was opened in September 1906 in Jinju. In 1909, it united with Andong Boy's School and was renamed as Kwanglim School. In 1924, the girl's classes became independent Siwon School from the Kwanglim.

In 1925, the Australian Mission built a two story school building and named as Siwon Girls School honoring Scholes who died 1919." (Siwon Girls School, The Independence Hall of Korea, 2019)

This school also produced many 'new women' and they became leaders of the society.

In Masan, there was Ida McPhee. While Changsin School was already in progress there, McPhee was preparing a school for girls under the endorsement of the Australian Mission.

Since there was no school building, the girls used rooms at the boy's school. Finally in 1913, a school building for girls were built and opened. Presbyterian Women's Missionary Union(PWMU) in Victoria, Australia raised money and financed the building projects. It was an L shaped Korean style building and there were 39 students in 5 classes. A dormitory was also later built for them. It was the beginning modern education in Masan area as well.

One interesting fact is that Euisin Girls School in Masan and Siwon Girls School in Jinju had a baseball (or Cricket?) match in 1923. This caused much interest in conservative Korean society. (Donga Newspaper, March 14, 1925, 2) The Australian Mission not only initiated sport among girls but also taught sportsmanship.

Modern education in Tongyung was also initiated by Australian missionaries. However, since the Japanese officials did not approve the Jinmyong School, the school was developed as Industrial classes. Amy Skinner devoted for the school for poor girls and disenfranchised women. The school provided a safe shelter for them and taught primary lessons and practical skills such as needle and farming work for them to stand up by themselves in the community.

In Kuchang, Stella Scott looked after Myongdoek School as the Australian Mission entrusted. In 1916, there were 21 students in the class. There were two Korean teachers in the school and one of them was a graduate from the Ilsin School in Busan.

In 1917, the numbers of students increased to 45. Compared to other Australian mission schools, the number was small but for the newly established mission station, it was a manageable size. Scott mentioned in her letter following.

"We had a large enrolment in the third year class, which is a cause for thankfulness for it means that those twenty six women have studied each year since the classes were started here."(The Chronicle, June 1 1917, 4)

Adding to the primary schools, the Australian Mission started middle and high schools. In Masan, Hosin Boys School began in 1925 and Tongnai Ilsin Girls School was opened in Busan in the same year. Especially for Tongnai Ilsin School, the PWMU put much effort and finance. Margaret Davies worked as headmaster until the Japanese government expelled all missionaries. The school later developed as well known Tongnai Girls Middle School and High School and it celebrated 125 years anniversary in 2020.

The Australian Mission also initiated Kindergartens at each city. Through the kindergarten, they showed the importance of child education and of their place in the society, and through training kindergarten teachers, they contributed the establisment of Kindergarten Education in Korea.

In modern education history in Korea, especially in Busan and Kyungnam Province, the personnel and financial contribution of the Australian Mission has been immense.

Australian Missionaries Niven & Kelly learning Korean language 엘리스 니븐, 박신연, 메리 켈리 한국어 공부 1906

Australian Mission House & Fusanchin Marketplace 호주선교사관과 부산진시장 1906

Busanjin Ilsin Girls School 부산진 일신여학교 교사 1905

1   Masanpo Boys School 마산포의 남학교 1910
2   Kwanglim Boys School 광림학교 1910년경

023

Centennial Memorial Photo Book of
Mission for Christ Church of Korea & Australia

3   Busanjin Ilsin Girls School Graduation Certificate 부산진 일신여학교 1회 졸업증서 문순금 1913

Busanjin Ilsin Girls School 부산진 일신여학교 고등과 11회 졸업기념 1924

Dongrae Ilsin Girls School 동래 일신여학교 1회 졸업식 1926

가난한 자에게 복음을

한호기독교선교회 백주년기념화보집

1   Changsin Boys Middle School 창신고등과 3년 과정 설립 1912
2   Changsin Boys School 창신보통과 6회 졸업생 1916

3   Changsin Boys School 창신학교 1924

가난한 자에게 복음을

한호기독교선교회 백주년기념화보집

1   Euisin Girls School 의신여학교 1924
2   Euisin Girls School 의신여학교 1926

3   McPhee & Euisin Girls School 맥피 교장과 의신여학교 14회 졸업식 1929

가난한 자에게 복음을

한호기독교선교회 백주년기념화보집

1   Euisin Girls School 의신여학교 1930
2   Tongyung Girls School 통영여학교 1917

3   Tongyung Industrial class 통영 수공예반 1915
4   Tongyung Industrial class 통영 산업반 1920년대 말

1   Siwon Girls School 시원여학교 1925
2   Siwon Girls Sportday 시원여학교 운동회 1920년대

Good News to the Poor

Centennial Memorial Photo Book of
Mission for Christ Church of Korea & Australia

3   Kuchang Myongdoek Girls School 거창 명덕여학교 1930년대
4   Jinju Siwon Girls School 진주 시원여학교 16회 졸업 1929

Jinju Siwon Girls School & Paton Memorial Hospital(Right) 진주 시원여학교와 배돈기념병원 원경(우측 건물) 1930년대

1   Edith Kerr & Jinmyung Girls School 에디스 커와 진명여학원 1930

2   Tongnai Ilsin Girls School 동래 일신여학교 1930년대

3   Tongnai Ilsin Girls School Sport Day 동래 일신여학교 운동회 1930년대

1   Tongnai Girls High School 동래고등여학교 1940
2   Jinmyung Girl's School 진명여학원, 중간에 레인 부부와 알렉산더 1941

3   Alan Stuart at Busan Presbyterian Seminary 알란 스튜어트 부산장신대 학장 취임 1960대

2 의료
Medical

의료
Medical

　　　　　호주장로교 총회 해외선교위원회는 1902년 의사 휴 커를을 한국으로 파송하였다. "한국어를 공부하기도 전에 시약소를 설치하고 진료를 시작했어야 할 만큼 부산에서의 의료사역은 시급하고도 긴급한 요청이었다." (이상규, 38)

　　그러나 부산사람들은 커를의 시약소 혜택을 오래 받지 못하였다. 그의 의술의 시혜자는 진주 지방 사람들이었다. 진주로 이전한 커를은 호주교회의 재정지원으로 1913년 11월 진주 배돈기념병원을 설립하여 개원하였다. 진주 지역에서 서양식 근대 병원의 시작이었다. 그 후 호주에서는 찰스 맥라렌, 윌리엄 테일러, 진 데이비스 등 유능한 의사들과 간호사들을 배돈기념병원으로 연이어 파송하였고, 한국인 간호사를 훈련하는 한편, 홍옥순과 이영옥을 호주로 초청하여 연수시키기도 하였다. 그들은 후에 대한간호협회 회장을 역임하며 공헌하였다.

　　1912년의 외래 환자 3,200명에서 환자가 매해 증가하여 1938년에는 2만 명이 넘었다. 같은 해 입원 환자도 800명이 되었고, 수술 환자도 800명이 넘었다. 당시 배돈병원은 가난한 사람들에게는 비용을 받지 않고 무료로 치료해주었는데, 그 수가 점점 늘어나고 있었다. 그것의 의미는 호주에서 모금이 더 되어야 한다는 것이었고, 그만큼 빅토리아의 후원자들에게 부담되는 일이었다.

　　"배돈병원은 의료 선교 활동 차원에서 인간의 생명을 중시하고 건강한 삶을 위하는 기독교의 박애정신

에셀 딕슨
덕순이
(1889-1975)

출생지: 호주 빅토리아 멜버른
직업: 간호사
선교지: 거창, 진주
선교내용: 거창 유아 보건소와 진주 배돈기념병원 수간호사, 간호사 훈련
딕슨의 기록: "우리는 거창에 병원을 세울 계획은 없었다. 다만 가난하고 병든 자들에게 치료해주고, 위생에 대하여 가르치고, 엄마와 아기가 10년 동안 건강한 생활을 할 수 있도록 도울 수 있는 장소를 원할 뿐이었다. 한국에서 출생하는 70%의 아이들이 10살이 되기 전에 사망하고 있다고 최근의 홍보지에 공개되고 있다.
1934년 한 해에만 우리 보건소에서 3,437명이 치료를 받았고, 그중 1,046명이 개인이었다." (크로니클, 1936년 4월 1일, 3)

Name: Ethel Dixon
Birth & Death: 1889-1957
Place of Birth: Melbourne, Victoria Australia
Profession: Registered Nurse
Place of Work: Kuchang, Jinju
Major Work: Head Nurse for Baby Welfare Clinic in Kuchang, Paton Hospital in Jinju, Training Nurses
Dixon's Records: "We have no wish to establish a hospital, but to have a place where relief can be given to the sick poor, where general hygiene can be taught, where young mothers with 'well' babies may learn how to keep them well during their first 10 years of life. 70% of children born in Korea die before the age of 10 years is stated in a pamphlet published recently. There were 3,437 attendances for treatment at the Centre during 1934 – 1,046 individuals." (Chronicle, April 1936, 3)

을 잘 보여주어 남녀노소를 막론하고 복음을 전할 수 있는 중요한 접촉점이 되었다... 각종 전염병과 풍토병을 치료함으로써 이곳에 과학적 의료 기술을 도입하였고, 의료 인재들을 길러내는 데 공헌하여 진주가 서부 경남의 의료 중심지로 자리 잡게 하였다고 볼 수 있다." (조헌국, 102)

한편 윌리엄 테일러는 통영에 진료소를 개소하여 운영하였다. 그는 비품과 약품도 대부분 호주에 의존하고 있었는데, 침대보, 붕대, 바셀린, 붕소 등을 포함하였다.

"테일러의 진료소에는 여전히 다양한 병을 가진 사람들이 드나들고 있었다. 한번은 한 할머니가 진료소에 들어섰는데 기괴한 모습이었다. 입은 크게 벌려져 비틀어져 있고, 무슨 약을 발랐는지 얼굴이 검은 색이었다. 할머니의 설명은 며칠 전 하품을 크게 하다가 병이 들어 왔다는 것이었다. 테일러는 할머니의 얼굴에 바른 검은 색 약을 벗기고서야 턱이 빠졌다는 사실을 알 수 있었다." (크로니클, 1918년 2월 1일, 2)

진주의 배돈병원이나 통영의 진료소는 당시 사회에 만연해 있었던 병에 대한 미신과 무지와 싸워야 하였고, 서양 의술에 대한 불신과도 싸워야 하였다.

특히 아동 보건에 대한 젊은 엄마들의 무지가

아동의 사망률을 높이고 있던 시기였다. 호주선교회는 병원이나 진료소가 없는 거점에서는 유아 보건소를 운영하고 있었다.

유아 보건소란 시골 지역에 유아가 있는 어머니와 어린이를 초청하여 유아 보건과 질병 예방 등을 교육하고 치료하는 활동이었다. 간호사 자격증이 있는 여선교사나 배돈병원의 한국인 간호사가 순회하며 정기적으로 부모들을 만나 어린이를 돌보는 일이었다.

1933년 9월 거창에도 유아 보건소를 운영하였다. 1934년 한 해 동안에 3,437명이 치료를 받기 위하여 이곳 보건 활동에 참여하였다고 한다. 마침내 호주교회는 유아 보건소 건물을 1940년에 건립하였고, 유아와 산모를 위한 많은 보건 활동을 하였다.

호주선교회의 활동 영역에 서울은 포함되지 않았지만, 찰스 맥라렌의 세브란스병원 사역은 예외였다. 그는 이 병원의 첫 정신과 의사였으며, 호주선교회의 이름으로 1923년부터 1938년까지 전임교수로 일하였다. 호주선교회는 또한 세브란스 병원 안에 정신과 병동을 건축하였다.

호주선교회의 또 하나 의료기관은 부산의 나환자 요양원이었다. 나환자들이야말로 당시 사회에서 가장 경멸당하는 집단이라 할 수 있는데, 호주선교회는 이들에게도 따뜻한 손을 내밀었다. 1910년 호주선교회가 부산경남지역을 맡게 되면서 미국선교회가 시작한 나병원 책임도 이어가게 된 것이다.

노블 맥켄지는 1910년 부임하자마자 이 일을 맡았다. 당시 나병원의 환자는 80명이었다. 6년 후인 1926년 한 해 동안에는 450명의 남녀 나환자가 요양원에 머물렀고, 입원을 원하는 나환자 500명 정도로 자리가 없어 돌려보낼 수밖에 없었다. 요양원 앞에는 항상 환자들이 줄을 서서 "도와주세요." "살려주세요." "들여보내 주세요"라고 외치고 있는 상황이었다. 당시 대문 밖에 심은 잔디가 길게 자랄 수 없었는데, 그 위에 누워 입주를 기다리고 있는 환자들의 몸으로 잔디가 항상 늘려서 매끈해졌기 때문이라고 말할 정도였다.

"또한 그들 중에서도 가장 가난하고, 희망이 없고, 중증인 자들을 택하여 치료해주고 낫게 해주어 건강하고, 행복하고 스스로를 존경할 수 있도록 도왔다. 더 중요한 것은 그들이 하나님을 만나게 되어 영혼을 회복하고, 이번 생에서는 물론 다가오는 생에서도 새 희망을 가지게 되었다는 것이다." (크로니클, 1938년 9월 1일, 19)

호주선교회는 나환자들을 위한 봉사를 일본 당국이 나병원 건물을 강제로 징발하여 군사 시설로 사용하는 1941년까지 약 30년 동안 계속하였다. 그 후 나환자들은 뿔뿔이 흩어졌고 상당수는 소록도 갱생원으로 강제 이주 당하였다.

●

Medical doctor Hugh Currell arrived in Korea in 1902 sent by the Presbyterian Church in Victoria, Australia. "Even before he commenced studying Korean, he started a dispensary as the medical work was urgently required in Busan." (Lee SG, 38)

However Koreans in Busan did not receive the benefit of Currell's medical work for long. Koreans in Jinju were the beneficiaries of his profession. He built Paton Memorial Hospital there financially aided by the people in Victoria, Australia. This was the beginning of modern medical history in the western part of Kyungnam Province.

Since then Dr. Charles McLaren, Dr. William Taylor, Dr. Jean Davies and several highly qualified nurses from Australia had worked in the hospital. They also trained many Korean nurses and sent some of them to Australia for further training opportunity including Oksoon Son and Youngok Lee. These two later became leaders of the Korean Nurse Association in Korea.

In 1912, the numbers of out-patient in the hospital were 3,200 and the numbers increased every year. In 1938, it reached 20,000 plus 800 in-patients. Operation patient included another 800. At the same time in the hospital, there were free patients who were poor and this number was also increased. This meant more financial responsibility of the supporters in the Australian church.

"Paton Memorial Hospital showed the value of people's life and healthy lifestyle, and became a significant contact point for Korean people to hear the Good News... Through the hospital various native disease was treated with modern equipment and medical personnel were trained for the wider society in the province." (Cho HK, 102)

Dr. William Taylor opened a Dispensary in Tongyung. Most of the medicine and equipment were also sent by supporters in Australia including bed linen, soap, dressings, Vaseline, calico, boric powder.

"At the tail end of a heavy afternoon's work an old lady came strolling into the consulting room with her mouth wide open and twisted, and her face covered with Korean medicine... She had been yawning, and at that time the sickness entered she said. After removing the black stuff from off her face, I saw that she had a dislocated jaw." (The Chronicle, Feb 1918, 2)

The Paton Hospital in Jinju and the dispensary in Tongyung faced ignorance and superstition from old Korea and also had to fight the prejudice against the western medicine. Especially when it came to infant hygiene, the death rate was rather high due to the ignorance of young mothers. The Australian Mission run child hygiene centers where there was no hospital or dispensary.

At the Child Hygiene Center, mother and child were invited for health education including disease prevention and treatment. Those Australian nurses regularly visited the remote area of Kyungnam Province and met with mothers and children.

In Kuchang, a Baby Welfare Clinic was opened in September 1933. During one year of 1934 only, 3,437 children participated in the education and treatment in the clinic. A clinic building were finally built in 1940, many mothers and children were benefited from the clinic.

Although Seoul was not included in the domain of the Australian mission, Severance Hospital was an exception. Dr. Charles McLaren was the first psychology professor from 1923 to 1938 and built and run a ward for mentally disturbed patients.

Another medical institute of the Australian Mission was a Hospital for Lepers in Busan who were most alienated and looked down upon in society. Since the American mission left Busan in 1910, the Australians took over the responsibility from them.

Noble Mackenzie accepted the labor among the lepers and about 80 people were there in the hospital. Six years later in 1926, 450 lepers stayed at the hospital and 500 lepers were turned back due to lack of beds. In front of the hospital, lepers were always in a cue waiting for their turn. "Please help me." "Save me." "Let me in." They cried. The lawn in front of the gate was always pressed by the body of laying patients.

"Laboured unceasingly in the cause of Korea's most despised people, the lepers, and even among them he specially selected the most destitute and hopeless, and those in whom the disease was furthest advanced, winning many such back to a considerable measure of health, happiness, and self-respect, and more important still, bringing them into contact with Him who has restored their soul, giving them new hope for this life and for the life which is to come." (The Chronicle, September 1938, 19)

The Australian mission continued the work among the lepers until the colonial Japanese forcibly took the building using it as their military facility in 1941. The lepers were dispersed and some were unwillingly transferred to an island by the Government.

Water Carrier.　Biblewoman.　Sub-matron.　Washerwoman.　Dispenser.

Dr. Currell.　Nurse Kim.　Miss Clerke.　Nurse Pak.　Dr. McLaren.
Head Wardsman.　Night Wardsman.

STAFF OF THE MEMORIAL HOSPITAL, CHINJU.

Paton Memorial Hospital Staff 배돈병원 직원들 커를, 김간호사, 클라크, 박덕례 간호사, 맥라렌 1915

가
난
한
자
에
게
복
음
을

한
호
기
독
교
선
교
회
백
주
년
기
념
화
보
집

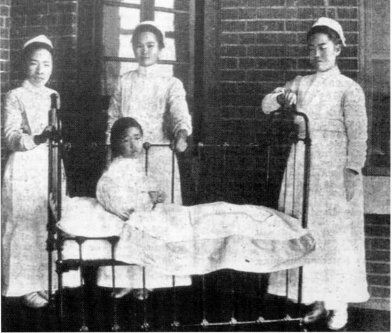

| 1 | Paton Memorial Hospital 배돈기념병원 1914 |
| 2 | Paton Hospital Nurses 배돈병원 간호사와 어린이 환자 1916 |

3   Australian Presbyterian Mission Compound, Jinju 진주선교부 전경 1926

가
난
한
자
에
게
복
음
을

한
호
기
독
교
선
교
회
백
주
년
기
념
화
보
집

1   Dr. Taylers House & Dispensary in Tongyung 통영 테일러 박사의 집과 시약소 1913
2   Peton Memorial Hospital Dr. Mclaren, Dr. Davies, Ms Nepier 배돈기념병원 맥라렌, 데이비스, 네피어 1920년경

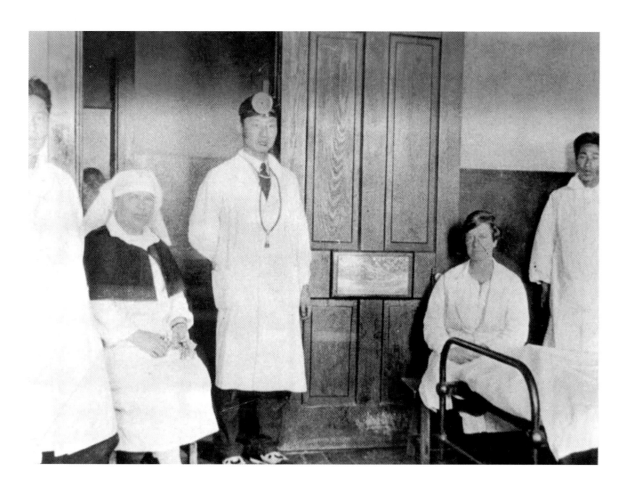

3   Head Nurse Napier and Dr. Jean Davies 수간호사 네피어와 진 데이비스 박사 1928

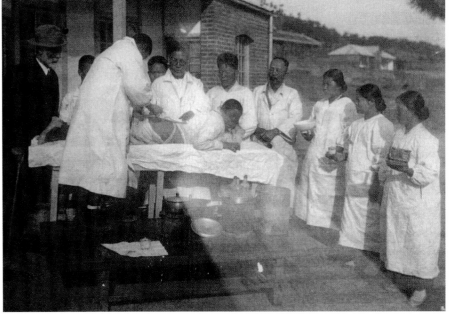

1   Lepers Waiting to be Admitted 입소를 기다리는 나환자들 1920년대
2   Medical Treatment for the Lepers 맥켄지와 나환자 치료 1930년경

3   Dr. McLaren Lecture on Psychosis 맥라렌 정신학 강의 1932
4   Dr. McLaren at Severance 맥라렌 세브란스대학 강의

가난한 자에게 복음을

한호기독교선교회 백주년기념화보집

1   Kuchang Healthcare Centre 거창 유아 복지소 1933
2   Staff at Paton Hospital Dr. Taylor, Dr. Park Yongnak, Dr. Jean Davies, Nurses Napier& Edger
    배돈병원 의사와 간호사들 1927
3   The Two Korean Graduates with Matron Napier and Dr. Choi and Dr. Taylor 배돈병원 간호 과정 졸업생들 1930
4   Paton Hospital Staff 배돈병원 직원들 1937

1   Busan New Leper Hospital 부산의 새 나병원 1935
2   Leper Church Christmas 나환자교회 성탄절 1937
3   Hong OS & Lee YB in Melbourne 멜버른의 홍옥순과 이영복 1938
4   Dr. Davies and Hospital Staff 진 데이비스와 배돈병원 직원들 1939
5   Margaret Whitecross Paton Memorial Hospital 마가렛 화이트크로스 페이튼병원

3 〉복지
Welfare

복지
Welfare

063

Good News to the Poor
Centennial Memorial Photo Book of
Mission for Christ Church of Korea & Australia

호주선교회의 복지 사업은 우연한 기회에 시작되었다. 부산진에 살던 벨레 멘지스 등의 여선교사들은 한국어를 공부하며 주변의 한국인들 특히 여성과 어린이들과의 관계를 이어가고 있었는데, 하루는 누가 한 아이를 그들의 집 앞에 버리고 갔다. 여선교사들이 그 아이를 돌보아 주면서 자연스럽게 고아원을 시작한 것이다. 이때가 1893년이었다.

2년 후에는 고아의 수가 13명으로 늘어났다. 멘지스는 미우라고아원에 있던 고아 한명 한명을 호주의 개인이나 단체 후원자와 연결하여 관심을 가지며 재정적 지원을 하도록 하였고, 그들의 성장에 관한 보고를 하였다. 그리고 그 고아들이 교육받을 수 있도록 일신여학교를 시작하였다.

통영에서의 복지 사업은 야학과 산업반의 형태로 발전하였다. 산업반이란 사회나 가정에서 버려진 소녀나 여성들이 기술 훈련을 받고 노동을 하여 독립심을 가지고 살아가도록 돕는 복지 활동이었다. 이 반에서는 기초 교육과 수공예 등의 기술을 가르쳤다.

학생들이 만든 수공예품은 호주 멜버른으로 보내졌고, 그곳에서 전시되어 판매되었다. 그 수익은 다시 학생들에게 보내져 자신들의 기숙사비로 사용하였다.

그런가하면 마산에서는 1934년 남성들을 위한 농업실수학교를 시작하였다. 이 학교는 농촌지도자 육성을 목표로 하였고, 1년 과정으로 25명 정도의 학생이 교육을 받았다. 입학 자격으로는 20세 이상, 보통학교 이상의 학력 소지자, 1년 이상의 농사 경험이 있는 자로 선발하였다. 학생들은 모두 기숙사에서 함께 생활하였으며 농촌경제, 협동조합, 농촌사회활동 등에 대한 강의와 벼 심기, 벼 베기 등 실제 농업 훈련을 받았다.

프랭크 보어랜드와 윤인구가 책임을 맡아 경영하였으며, 신애(神愛), 인애(仁愛), 토애(土愛)의 3대 교육이념을 세우고 농촌을 위한 지도자 양성에 힘을 썼다. 1939년 학교를 김해로 옮겼지만 결국 1943년 폐교되었다.

부산에는 동래실수여학교가 있었다. 이 학교의 학생들은 버려진 소녀와 아내들이었는데, 에디스 커는 다음과 같이 말하고 있다.

"우리의 목적은 소녀들이 독립과 자긍심 있는 노동을 통하여 스스로를 돕게 하는 데 있다. 이것을 성취하기 위해서는 그들에게 기초적인 교육이 필요하다고 생각한다. 두 명의 교사 하에서 4개의 초등반이 운영되고 있고, 소녀들은 일기, 쓰기, 산수, 일본어, 체육, 노래, 성경을 학습한다.

매일 아침 수업 전에 경건회가 있고, 소녀들과 교사들이 번갈아 가며 성경을 읽는다. 수업은 8시 30분부터 12시 15분까지, 오후 바느질 노동은 1시 30분부터 5시 30분까지 한다. 그 후 게임을 하거나 정원을 가꾸기도 한다. 저녁 식사 후에는 가족 예배와 숙제를 하고, 한 두 시간 바느질을 더 한다."(크로니클, 1931년 2월

에이미 스키너
신애미
(1889-1954)

출생지: 호주 빅토리아 비치워스
직업: 디커니스
선교지: 통영, 거창
선교내용: 진명여학교와 산업반 교장, 진명유치원 운영, 유치원 교사 훈련
감사기록: "만약에 '우정'이 선교사의 더할 나위 없는 과제라고 한다면, 에이미는 위대한 선교사이다···. 그녀의 공식적인 역할은 교육이고 전도였지만, 그 외에 그녀는 산업 훈련반을 운영하였고, 의학적인 훈련 받지 않았지만, 간호사와 같은 책임도 여러 경우 짊어져야 하였다. 그녀는 한국 여성 수십명을 훈련했으며, 그들과 함께 복음이 닿지 않는 어렵고도 위험한 먼 지방까지 다니며 전도하는 개척자였다." (크로니클, 1954년 8월, 3)

Name: Amy Skinner
Birth & Death: -1954
Place of Birth: Beechworth, Victoria Australia
Profession: Deaconess
Place of Work: Tongyung, Kuchang
Major Work: Principal of Jinmyung Girl's School, Supervisor for Industrial Classes & Kindergarten, Training Teachers
Memorial Records: "If friendship be one of the finest tasks of a missionary, then Amy was a great missionary... her official assignments in Korea were educational and evangelistic: in addition she instituted industrial training, and, though without medical training, assumed exacting nursing responsibilities occasions. She was a pioneer and her pioneering work took her into remote and untouched places." (Chronicle, August 1954, 3)

2일, 8)

이 학교는 부산 동래에 땅을 매입하여 이전하였는데 3.5에이커 크기였고, 매입 비용은 6천 엔이었으며, 양계 3동과 한 개의 주택도 있었다. 그리고 1935년 초, 그 부지 위에 학교와 기숙사를 포함한 2층 건물의 동래일신직업학교 혹은 더 널리 알려진 대로 동래여자실수학교가 완공되었다. 학생들은 통영에서 데려온 농장의 닭, 염소, 친칠라 토끼 등을 키웠고, 병아리와 계란도 판매하기 시작하였다.

그러나 이 학교도 당시 신사참배의 압박 속에 있었고, 참배를 계속 거부한다면 폐교를 피할 수 없었다. 그러면 학교의 소녀들은 뿔뿔이 흩어질 것이었다. 결국 호주선교회는 이 학교를 '학교'에서 '사회봉사 기관', 즉 복지 단체로 바꿀 수밖에 없었다. 그리고 한국전쟁 후, 호주선교회는 이 학교를 기증된 유산에서 온 기금과 함께 한국기독교여성청년회(YWCA)에 정식으로 양도하였다. 한 가지 조건으로는 그 건물을 원래의 목적대로 사용하는 것이었는데, 그것은 버려지고 가정이 없는 소녀와 여성들을 구제하고 재활하는 일이었다.(커와 앤더슨, 111)

농촌 출신인 존 브라운은 1960년 마산에서 부임하면서 그곳의 가축과 개량에 대하여 관심을 가졌다. 그는 결국 호주에서 고기가 많고 우유가 풍부한 흰 돼지와 샤넨 양을 한국으로 들여오게 되는데, 당시 호주신문에서도 그 모습을 흥미롭게 보도하였다.

브라운은 "창원 지역에 품질개량원을 운영하면서, 돼지를 먹이고 키우는 책자까지 만들 정도로 열심이었다. 또한 거제와 마산 지역의 농민들 가정에 시범적으로 염소와 돼지를 보급하기도 하였다." (양명득, 145)

1960년대 후반, 서울에서는 베티 우튼이 세브란스병원 안의 은혜의 집에서 일하고 있었다. 간호사였던 그녀는 직장을 찾아 시골에서 서울로 상경하여 잘못된 길로 빠진 소녀와 여성들을 위한 의료와 복지 사업에 앞장섰다. 이곳에서 여성들은 상담과 기본 교육 그리고 일자리를 위한 기술을 배웠다. 그 후에는 정부가 인정하는 학교에 등록하여 재봉, 유아교육, 보건 기술 등을 배워 자립하였다.

울산도 이 당시 다른 도시와 같이 빠르게 공업화되고 있었다. 베리 로는 이 지역의 도시화와 산업화에 대응하여 산업 선교를 시작하고 있었고, 동시에 장애인들을 위한 자립훈련프로그램을 개발하였다. 양지재활원으로 알려진 이 학원은 1968년 시작되었다.

"이 프로그램을 통해 베리와 조안, 신익현과 그의 부인 김명숙은 기술 훈련 코스를 세웠고, 젊은이들은 시계수리, 라디오 및 전자제품 수리, 금은세공, 자게상감제조, 기타 기술을 배웠다. 그들은 또한 자존감과 삶의 독립성과 신뢰성을 배웠다... 그 훈련생들의 대부분은 직업을 구하거나 작은 전파상을 차렸고 경제적으로 자립하였다." (브라운, 237)

양지재활원은 1972년 부산으로 시설을 이전하였고, 양지직업훈련원으로 2001년까지 약 2천명이 이곳에서 기술훈련을 받았다. 이 학교는 현재까지 장애인직업재활시설로 운영되고 있다.

The welfare work by the Australian mission commenced by chance. As Belle Menzies and other Australian single women lived and studied Korean in Busan, they tried to establish relationships with women and children around them. One day a baby was left at their front door and they began to look after her. This was a beginning of the Myoora Orphanage in 1893.

After two years, the number of orphans increased to 13. Menzies introduced each orphan to supporters in Australia and matched each of them so that they could have a personal relationships. She also began a school for these girls.

In Tongyung, welfare activity developed as a form of industrial school and night classes. Industrial school provided classes for poor and abandoned girls to equip them with industrial training so that they could live in the society independently. In the classes they learnt basic education and skills of needle work or farming.

The handicraft they made was sent to Melbourne and displayed and sold there. With the money from the sale, the girls were able to pay for their living and study.

In 1934, Gospel Farm School for men was opened in Masan. The school aimed to train leaders in the farming villages and provided practical classes for 25 men for a year course. The student need to be 20 years old or older and an at least had a year's farming experience. They lived in the school boarding house and the lesson they learnt including co-operation work, farming economy, countryside social activities, rice planting and harvesting.

Frank Borland and Ingoo Yoon took the responsibility at the school. Under the motto of 'Love God, Love People, Love Land', the school produced leaders for the countryside Korea. In 1939, the school moved to Kimhae and closed the school in 1943.

In Busan, there was Tongnai Industrial Girls School. This school was for disbanded girls from the family and the principal Edith Kerr explained its aims.

"Our aim is to help these young women to help themselves through independent and self-respecting labour.

To do this we consider a certain amount of elementary education is necessary. There are four primary grades working under two teachers and studying reading, writing, arithmetic, Japanese, drill, singing and the Bible. Worship preceded study every morning, girls and teachers taking it in turns to lead.

The study hours are from 8.30am to 12.15pm, and afternoon sawing session from 1.30pm to 5.30pm. Half an hour for games or gardening usually follows the afternoon session. After tea comes family worship, preparing of lessons, and another hour or more of sewing." (The Chronicle, Feb 1931, 8)

The Australian mission bought 3.5 acres of land in Tongnai, Busan with 6,000yen. On the premises, there were three large coops for chickens and a house. In 1935, a two-story school including boarding house was built and many women benefitted from the school. The students raised goats, chickens, rabbits and sold chicks and eggs to the community. The Government recognized the school as Primary Industrial School with 3 years courses.

However, this school was also under the pressure of colonial Japanese and they could not avoid the closure if the school did not succumb to the Shrine worship. Without any options, the Australians changed the status of school to welfare center to avoid closure.

"It was until late in 1955 that they were evacuated and the YWCA were able to develop its proposed project. In 1957, C Ritchie and J Stuckey acting for the Board of Mission, formally ceded the farm school, along with some accumulated funds from legacies, to the Korean YWCA on the understanding that they would continue to use it for its original purpose, the succor and rehabilitation of destitute and homeless girls and women." (Kerr & Anderson, 111)

In 1960, as John Brown started his work in Masan, he was interested in livestock and its improvement. From Australia, he shipped white pigs and Saanen goats for more meat and milk to countryside of Masan.

"Brown worked diligently in breeding and quality improvement on the farms in the Changwon region... he bred and distributed the young goats and pigs to farmers in Geoje and Masan regions on a trial basis." (Yang MD, 145)

In the later part of 1960s, Betty Wootton began her nursing work at the Severance Refugee Hospital and was a founder of Medical clinic 'House of Grace' in Seoul. The House of Grace took in girls from country who were looking for work and better jobs, but with no skills, this left them open to prostitution. The girls received counselling, basic education and vocational training. Betty taught them home nursing, child care, and hygiene among other skills.

The city of Ulsan was also rapidly industrialized. Barry Rowe began an industrial mission to response the needs among the workers. At the same time, he launched a rehabilitation program for disabled people. Known as Yangji Rehabilitation Centre, it started in 1968.

"Through this program, Barry and Joan Rowe and Shin Ik Kyoon and his wife Kim Myong Sook set up training courses in which young men learned watch-repairing, repairs to radios and electronic equipment, gold and silver-smiting, manufacture of mother-of-pearl inlay lacquerware and other skills. They also learned self-respect, independence and confidence in living." (Brown, 237)

Yangji Rehabilitation Centre moved to Busan in 1972, about 2,000 people was trained there until 2001 under the name of Yangji Profession Training Institute. This school has been operating as a Disability Profession Training Institute until now.

1	Myoora Orphanage, Busanjin 미우라고아원, 부산진 1893
2	Myoora Orphanage 미우라고아원, 1910
3	Myoora Orphanage 미우라고아원 1915
4	Menzies & Myoora Institute Family 멘지스와 미우라학원 가족 1916
5	Tongyong Industrial Class 통영산업반 1926

가난한 자에게 복음을

한호기독교선교회 백주년기념화보집

1   Women Lepers threading 상애원, 실을 짜고 있는 여성 나환자들 1930년경
2   Gospel Farm Practical School 복음농업실수학교 1933
3   Frank Borland & Gospel Farm Practical School 복음농업실수학교 1934

4   Tongnai Vocational Girls School 동래여자실수학교 1934
5   Tongnai Vocational Girls School 동래여자실수학교 1936
6   Tongnai Vocational Girls School 동래여자실수학교 야외활동 1937

1   John Brown shipping the goats to Korea 존 브라운이 호주에서 염소를 배에 싣다 1970
2   A Goat from Australia 호주에서 들여 온 염소 1970

3   House of Grace, Seoul 서울 은혜의 집 1960년대 후반
4   The First Practice at Yangji, Ulsan 울산 양지재활원 1968

가난한 자에게 복음을

한호기독교선교회 백주년기념화보집

1   Watch Repair Training at Yangji 양지재활센터 시계수리부 1973

2   With students Barry Row and Shin Ik Gyun in Yangji Centre 베리 로우와 신익균 1978

4 > 평등 운동
Equality Movement

평등 운동
Equality Movement

호주의 초기 한국 선교는 호주 빅토리아장로교 총회 해외선교부와 빅토리아여선교 연합회에 의하여 주도되었다. 특히 빅토리아여선교연합회는 미혼의 전문직 여성들을 한국에 파송하였는 데, 그 숫자가 남성 선교사들을 훨씬 초월하였다. 호주 선교의 시작인 1889년부터 일제에 의하여 추방당한 1942년까지 총 78명의 호주 선교사가 한국에서 일하였고, 그중 남성이 24명, 여성이 54명이었다. 31%의 남성에 비하여 여성 선교사가 차지하는 비율이 무려 69%나 되었다.

"19세기 말 여성들의 해외 선교 조직은 개교회와 가정에 묶여 있던 교회 여성들을 해방시켜 세계로 진출 하도록 하는 공간이 되었다. 여성들은 자신을 조직하고, 자원을 모으고, 선교사를 파송하는 과정에서 남성 들이 두려워 할 만큼 강력한 정치력을 발전시켰다... 여선교사들은 '여성을 위한 여성의 선교 원리'를 가부 장적이고 유교적인 경남지역에 적용했다. 그래서 여성과 어린이들을 우선시하는 선교정책을 세웠다." (정 병준, 256)

이러한 배경에서 호주선교회의 활동은 자연스럽게 남녀평등과 세대 간 평등 운동의 성격을 띠게 되었 다. 당시 가부장적인 한국의 문화 속에서 이들의 활동은 소녀들을 위한 여학교 설립, 젊은 어머니와 아이를 위한 보건소 운영, 신앙 훈련을 통한 여성지도자 양성, 성경 공부를 통한 시골 여성들 계몽이 그 주를 이루 었다. 재정이 어려워져 남학교를 포기하는 상황에서도 여학교는 끝까지 운영하였다.

당시 호주선교회가 운영하던 여학교나 산업반에서 공부를 하고 졸업한 신여성들 중 후에 부산경남 지

넬리 스콜스
시넬리
(1881-1919)

출생지: 호주 빅토리아 칠턴
직업: 학교 교사
선교지: 진주
선교내용: 의신여학교 교장, 학교와 교회 교사 훈련
교회의 기록:
"진주의 백정 몇 가족이 기독교인이 되어 교회에 나오면서 양반 가정들은 점점 불편하게 여기고 있었다. 그들은 급기야 백정들이 예배에 참석하지 말 것을 요청하였지만 호주 선교사들은 그것에 동의하지 않았다…. 스콜스는 그런 차별의 모습에 마음이 아프고 지친다고 하였다…. 그녀는 그들도 지금 당장 참석할 수 있어야 한다고 주장하였다." (크로니클, 1909년 8월 1일, 5)

Name: Nellie Scholes
Birth & Death: 1881-1919
Place of Birth: Chiltern, Victoria Australia
Profession: School Teacher
Place of Work: Jinju
Major Work: Principal of Siwon School, Training School and Church Teachers
Church Record: "Some butcher families became believers, and began to attend church, but their presence was objected to by the gentry... Scholes' heart was sunk and felt tired when faced such discrimination... she insisted that they should also be able to attend the Sunday worship," (Chronicle, August 1909, 5)

역의 큰 지도자가 되기도 하였는데, 부산진 일신여학교의 양한나와 문복숙, 동래일신여학교의 박차정, 진주시원여학교의 박덕실, 통영진명여학교의 공덕귀, 마산의신여학교의 최덕지와 김두석 같은 인물들이 있다.

호주 선교사의 어린이 존중 운동은 유치원 설립과 운영에서 자연스럽게 그 모습이 나타나고 있다. 어린이는 보여주기 위함이나 박수받기 위한 존재 그 이상이라는 것을 한국 사회에 보이며 유치원 교육의 참된 정신을 심어주었다.

또한 당시 한국에서는 신분차별 문화가 있었고, 특히 천민 백정들과는 자리를 같이하지 않았다. 1900년대 초, 진주의 백정 몇 가정이 기독교인이 되어 교회에 출석하면서 양반 가정과 마찰을 빚고 있었다. 그들은 백정들에게 예배에 참석하지 말 것을 요청하였지만, 호주 선교사들은 그것에 동의하지 않았다. 하나님 앞에서의 인간은 귀하고 비천한 것 없이 모두가 동등하다는 것이었다.

"호주 선교사들이 백정들의 목소리를 듣고 그들을 지지하자, 몇 양반 가정들이 감정을 가지고 교회와 대립하였고, 그들의 영향력으로 청년 교사와 여성들도 교회를 나오지 않자 교회 안에는 큰 긴장과 염려가 증대하고 있었다." (양명득, 66)

결국 호주 선교사들의 설득대로 양반과 백정이 함께 자리를 하며 예배를 드리는 것으로 결말이 났다. 이 사건은 후에 소설가 박경리의 대하소설 『토지』에 '옥봉교회 백정이야기'가 등장할 만큼 경남지역의 형평운동사에 한 획을 긋는 신분차별 폐지운동이었다.

더불어 호주 선교사들이 공헌한 부분이 하나 더 있다. 바로 독립운동이었다. 1919년 3월 부산에서도 만세운동이 시작되었고, 호주 선교사들이 세운 부산진 일신여학교 교사들과 학생들도 참여하였다. 그로인하여 호주 선교사들과 학생들이 일경에 끌려가 구류되어 신문을 받고 풀려나기도 하였다.

"마가렛, 호킹, 매카그 그리고 멘지스까지 법원에 소환되어 교차 심문을 받았다. 그리고 경찰서에도 여러번 가서 많은 질문에 대답을 하여야 했다. 당시의 일본 경찰 질문은 다음과 같았다.

'당신은 이곳에 오기 전 당신의 나라에서 범죄한 사실이 있습니까?'

'당신의 해로운 가르침으로 학생들이 감옥에 있는데 수치스럽지 않습니까?'

물론 그들은 전혀 수치스럽지 않다고 대답하였다." (크로니클, 1919년 6월 2)

당시 일신여학교의 11명의 학생(기숙사 거주학생 5명 포함)과 교사 2명이 감옥에 갇혔다가 출감되었다.

그런가하면 호주선교부의 다른 지부에서도 비슷한 사건이 일어났다. 진주에서는 3월 18일 광림학교 학생들과 졸업생들이, 마산에서는 3월 21일 창신학교 교사들이 중심이 되어 만세운동을 주도하였다. 통영에서는 3월 13일 읍내의 시장에서 진명여학교 여교사들에 의하여 전개되었다. 다음은 마가렛 알렉산더의 편지 일부분이다.

"우리 학교(진명여학교)에 새 교사가 부임하였는데, 한국인 목사의 딸이고, 진주시원여학교 졸업생이다. 진주에서는 우수한 그녀를 잃게 되어 서운해하였다. 그녀는 사표를 낸 교사의 후임인데, 그 교사는 '독립운동'으로 현재 일본 당국의 조사를 받고 있다.

그녀와 함께 문복숙도 안타깝게도 체포되었는데, 부산진에서부터 나의 심부름을 해주었고, 명랑하고 도움이 되었던 친구이다." (크로니클, 1919년 8월 1일, 3)

또한 일제의 신사참배 압박에도 불구하고 호주선교회는 신사참배에 응할 수 없다는 단호한 입장이었다. 그로인하여 호주 선교사나 호주 선교사의 영향을 받은 한국인들이 적지 않은 핍박을 받았다. 호주 선교사로는 마산의 메이지 테잇, 부산의 마틴 트루딩거와 데이지 호킹, 진주의 찰스 맥라렌과 제임스 스터키 등이 있었고, 한국인으로는 이현속, 최덕지, 주기철, 주남고, 최상림 등이 있다.

후에 찰스 맥라렌은 진주의 감옥에 11주를 갇혀 있다가, 부산에서 가택연금을 당한 라이트 부부와 레인 부부와 함께 1942년 호주 선교사로서는 마지막으로 한국에서 추방되었다.

●

The early Australian mission in Korea was led by the Presbyterian Church in Victoria(PCV) and Presbyterian Women's Missionary Union(PWMU). PWMU specially sent many single and professional women which preceded the number of men sent by the PCV. From 1889 to 1942, there were 78 missionaries from Australia in which 24 was men and 54 was women. The women's rate reached to 69% compared with the 31% of men.

"At the end of 19 century, women's mission organization became a channel for the women who was contained in the home or local congregation to advance to the every connor of the world. In the process of women organizing by themselves, raising the fund, sending their workers, they developed powerful politics which men would afraid of… They also applied the basics of 'women's mission principal for women' to the patriarchal and Confucius Kyungnam Province. Therefore it was natural that women and children became their mission priority." (Chung BJ, 256)

From the beginning, the activities of Australian Mission manifested the character of the gender and generation equality movement. In the patriarchal Korean culture, they established schools for girls, clinics for young mothers and children, Bible classes for women leaders were the main feature. At the financial crisis, they never gave up the girl's schools while boy's schools closed.

Those women who studied at the mission schools or industrial classes became leaders in the society including Yang Hana from Ilsin School, Park Chajung from Tongnei Girls School, Park Duksil from Siwon School, Kong DG from Jinmyong School, Choi Dukji and Kim Dusuk from Euisin School.

Movement for respecting children showed through kindergartens they ran. They wanted to claim to the Korean society that children were more than for showing or for clapping. They shared the true spirit of running kindergarten and its purpose.

At that time in old Korea, discrimination among social classes existed and people belonging to the high class would refuse to sit together with people in the low classes such as butchers. In early 1900, some butcher families began to attend the church causing a tension and conflict with the high class. They asked the butchers not to come to the church but the Australian missionaries did not agreed with the powerful high class. The women and men missionaries insisted that people were all equal at the face of God.

"As the Australian missionaries supported the butchers, the high class members became hostile and ceased to come to the church. An intense tension and concern developed in the congregation as some youth and women who was under their influence of the powerful boycotted the Sunday service." (Yang MD, 66)

Eventually and reluctantly the high class people were convinced to sit with the low class on Sunday. This event marked on the history of equality movement in Kyungnam Province and retold in a well-known novel 'The Land' written by Park KR.

There is another contribution the Australian missionaries made in this regard. It is the significant Independent Movement against Japanese Colonial Empire. Most schools run by the Australian mission led or participated in the nation-wide independent movement. As a result, some Australians and students were arrested and detained and others were put to the trial and imprisoned for some time.

"Misses Menzies, Hocking, McCague, Keemy, and I(Davies) have all been summoned to the law courts and cross-examined... Among their questions are such as these. 'Did you commit any crimes in your own country before coming to this land?' 'Are you not ashamed that as a result of your harmful teaching your pupils are in prison?' To all of which we answered that we have nothing of which to be ashamed." (The Chronicle, June 1919, 4)

Eleven students including five at the dormitory and two teachers from Ilsin School were imprisoned and sometime later they were released.

Other Australian mission schools had a similar experience. In Jinju, students and graduate of Kwanglim School and in Masan, the teachers of Changsin School led the March Independent Movement in the towns. In Tongyung, three teachers at Jinmyong School took the lead the movement at a marketplace. The following is a part of Alexander's letter.

"We have a new teacher, who is the daughter of the Korean minister, and is a graduate of the Chinju school, a fine girl, whom Chinju was sorry to loose. She is in place of one who resigned, and is at present one of those whom the authorities are dealing with for 'independent' doings. With her, I regret to say Moon Poksegi who has been such a happy, helpful friend since the days she ran errands for me in Busanjin till a day or so before her arrest... They have both been sentenced to six months." (The Chronicle, August 1919, 3)

Under strong pressure, the position of Australian mission was firm not to participate in the Shinto shrine worship. Due to the stance of the Australians, their Korean friends were persecuted by the Japanese police. Those who were mainly against the Shrine Rituals and Ceremonies included Tait in Masan, Trudinger and Hocking in Busan, McLaren and Stuckey in Jinju. Among the Koreans were Lee HS, Choi DJ, Chu KC, Ju NG, Choi SN.

Dr. McLaren was imprisoned for 11 weeks in Jinju. Then he was transferred to Busan and was under house arrest together with Wright and Lane couples. They were the last Australians expelled from Korea by the Japanese in 1942.

In Korea's turbulent path toward independence and nation building, there were the Australian missionaries who stood steadfastly by the Korean people.

1   First Korean Bible Women and Australian Missionaries 첫 전도부인과 호주 여선교사들 1896
2   Australian Women Missionaries 부산의 여선교사들 1905

1   Busanjin Church Sunday School Students 부산진교회 주일학교 여학생 1910
2   Kindergarten Teacher Training Class 통영유치원 교사 교육 1926
3   Tongyong Kindergarten 통영유치원 1927

統營幼稚師範講習生記念
1926. 3. 20.

1   Jinju Kindergarten 진주유치원 1928
2   Jinju Kindergarten 진주기독유치원 보육 기념 1932

3   Kuchang Kindergarten 거창유치원 1920년대
4   Kuchang Kindergarten 거창유치원 1930년대

| 1 | Euisin Kindergarten the 4th Graduation 의신유치원 4회 졸업 1928 |
| 2 | Euisin Kindergarten Outdoor Activity 의신유치원 야외 활동 1920년대 |

3   Masan Kindergarten 마산유치원 1930

4   Masan Night School for Poor Girls 마산여자야학교 1932

1   Skinner & Tongyoung Kindergarten 에이미 스키너와 통영유치원 1931

2   Maysie Tait and her Friends 메이지 테잇과 마산지역 여전도사 1936

3   Ilsin Girls & Teachers who were imprisoned for Independent Movement 옥고를 치른 일신여학교 학생과 교사들 1920

4   Ilsin Teachers & Students released from prison for Independent Movement 만세운동 석방 후 일신여학교 학생과 교사들 1920

1   Just before the Depotation 강제출국 당하기 전의 호주 선교사들 1942

2   Jinju Church Equity Movement Monument 진주교회 형평 운동 기념비

3   Jinju Church Independent Movement Memorial Bell Tower 진주교회 3.1운동 기념 종탑

5 교회
Church

교회
Church

호주 선교사가, 부산경남에서 병원, 학교, 복지 사업 등을 활발히 벌였지만, 궁극적인 목적은 한국인에게 기독교를 소개하고 예수 그리스도를 받아들이도록 하는 것이었다. 유교 문화를 가지고 있는 동방의 한 나라에 기독교의 '빛과 진리'를 소개하려는 그들의 노력에는 많은 대가가 따랐고, 그 희생도 적지 않았다.

호주인 첫 선교사 헨리 데이비스는 1889년 조선 한양에 도착하여 부산으로 가던 중 풍토병을 얻어 한국에 입국한지 약 6개월 만에 부산에서 순교하였다. 그럼에도 호주장로교회는 오히려 더 열심히 당시 소외되고 가난하였던 부산경남지역에 선교사를 파송하였다.

"첫 여성선교사였던 벨레 멘지스와 베시 무어 등이 부산진에서 한국어 선생의 도움을 받아 초가집을 구입하게 되었다. 이웃 사람들은 이 외국인 여성들을 수상하게 생각하여 싫어하였고 다음과 같이 말하였다고 하였다.

'이 서양 여성들이 우리 중에 같이 사는 것을 못하게 하자.'

한국어 교사와 전 주인의 설득에도 불구하고 사람들은 여선교사들에게 위협을 가하였다." (크로니클, 1918년 2월 1일, 6)

이러한 적대적인 분위기속에서 호주 선교사들은 한국인들과 관계를 맺으며 전도하기 시작하였고, 경상도의 시골 구석구석까지 순회 다니며 '영원한 생명'에 관하여 가르쳤다. 특히 순회 전도자로 임명받은 남녀선교사들은 거창부터 남해 끝에 있는 도서 지역까지 도보로 혹은 배로 다녔고, 가는 곳마다 숙소와 음식의 어려움으로 고생하였다. 또한 서양인에게 치명적이었던 풍토병으로 인하여 그들은 종종 고통을 당하였고, 한국 땅에서 사망한 경우도 적지 않았다.

그러면서도 호주 선교사들은 자신들이 직접 교회를 설립하거나 설립을 도와주어 부산경남 지역에 기독교가 정착하는 데 큰 공헌을 하였다. 현재 이 지역의 백년 이상 된 많은 교회가 호주선교회와 직간접으로 연결되어 있다.

부산에는 2021년 130주년을 맞이한 부산진교회, 울산에는 2025년 130주년을 맞이하는 울산병영교회, 진주에는 2025년 120주년을 맞이하는 진주교회, 마산에는 2021년 120주년을 맞이한 문창교회, 통영에는 2025년 120주년을 맞이하는 충무교회, 거제에는 2022년 120주년을 맞이하는 욕지제일교회, 고성에는 2018년 110주년을 맞이한 고성교회, 거창에는 2019년 110주년을 축하한 거창교회 등이 있다.

뿐만 아니라 호주 선교사들은 주요 거점에서 성경학원을 개원하여 교회에서 일을 하려는 남녀 지도자들에게 성경과목 등을 가르치며 훈련하였다.

겔슨 엥겔
왕길지
(1868-1937)

출생지: 독일 뷔르템베르크(1898년 호주 이민)
직업: 목사
선교지: 부산, 평양
선교내용: 부산진교회 당회장, 교회 개척, 총회 총회장, 평양신학교 교수
감사기록: "한국에서 38년간의 헌신적 봉사는 위대한 기록이다…. 엥겔은 복음 전도와 교회 행정을 위하여 아낌없이 자신을 드렸다. 대부분 그의 순회 전도는 여행하기 가장 불편하고 위험하던 개척기 때였다. 그는 성서번역 작업에 동참하였다. 말씀을 자신의 언어로 제공하는 것이야말로 전도에 있어서 가장 가치 있는 일이다…. 그의 신학 교육은 학교나 성경학원 혹은 교회 안에서 그가 실천한 여러 교육 사역의 절정이었다." (크로니클, 1939년 7월 1일, 2)

Name: Gelson Engel
Birth & Death: 1868-1939
Place of Birth: Wurtemberg, Germany(Immigrated to Australia in 1898)
Profession: Pastor, Teacher
Place of Work: Busan, Pyengyang
Major Work: First Pastor in Busanjin Church, Church Planting, Moderator of General Assembly, Professor at Pyengyang Seminary
Memorial Records: "Thirty years of devoted service in Korea is a great record… Dr. Engel gave himself unsparingly to the work of preaching the Gospel and organizing the church. Much of his 'journeying oft' was done in the days when travel was a laborious business fraught with discomfort and some risk. He had a share in the work of translating the Scripture… His teaching at Theological Seminary was the culmination of his manifold educational activities." (Chronicle, July 1939, 2)

"1913년 11월 조력자들을 위한 성경반이 진주에서 16일 동안 진행되었다. 4명의 선교사들과 3명의 한국인 지도자들이 교사로 임명되었고... '여성경학원'의 첫 학기는 1913년 5월과 6월 진주에서 열렸다. 15명의 여성이 참석하였다. 니븐, 엥겔 부인, 맥켄지 부인이 교사였고, 그 다음해는 부산진에서도 개강하였다." (앤더슨, 261)

이후부터 1940년 일제에 의하여 학생들이 강제 해산되는 해까지 성경학원은 부산경남에서의 목회자 발굴에 큰 역할을 하였다. 한국교회의 지도자인 심취명, 박성애, 정덕생, 김만일, 이차익, 김두식, 주기철, 손양원, 심문태, 최상림, 이약신 등이 성경학교의 학생이거나 교사들이었다.

특히 초기 부산경남지역에서는 한국인 전도부인들의 역할도 컸는바, 5년 과정의 성경학원에서 훈련을 받고 호주 선교사들과 함께 선교 활동에 참여하였다.

"올해는 5개의 반에 모두 44명의 학생이 공부하였고, 그 중 26명이 기숙사에 있다. 과정을 다 마친 학생 중에 몇 명은 선교부의 전도부인 되었고, 다른 학생들은 한국교회에 고용이 되었다. 몇 명은 교사가 되었고, 몇 명은 해외로 나갔고, 몇 명은 주님의 부름을 받고 본향으로 갔다." (크로니클, 1930년 8월 1일, 9)

한편 젤슨 엥겔은 평양신학교에서 1919년부터 1937년까지 전임교수로 봉직하였으며, 호주선교부는 그곳에 빅토리아 기숙사를 세워 부산경남에서 온 학생들을 지원하기도 하였다. 대한예수교장로회의 첫 목사 7인의 졸업장 교수 명단에 엥겔의 한글 이름 왕길지가 명시되어 있다. 그는 후에 장로교 총회 2대 총회장을 역임하였다.

한국전쟁 후에는 부산장신대학에서 알란 스튜어트가 학장을 역임하였고, 서울에 있는 장로회신학대학에서는 존 브라운과 크리스 모스테드, 이화대학교에서는 도로시 언더우드 등이 교수로 일하였다.

2009년에 한호선교 120주년을 맞이한 호주와 한국교회는 '한호선교 120주년 기념 선교선언문'을 공동 발표하였다. 그 중 4번째 조항은 다음과 같다.

"4. 통전적 선교: 양 교단은 호주 선교사들이 정의, 평화, 창조질서의 보전을 위한 선교에 충실해 왔던 것에 주목하며, 가난하고 소외된 이들을 섬기는 일(눅 4: 18-19)에 함께 헌신할 것을 선언한다."

Although the focus of work in Busan & Kyungnam by the Australian Mission were on schools, hospitals, welfare centers, the ultimate purpose was to introduce Christianity and help Koreans to meet with Jesus Christ. It took much cost for them to spread the 'Light and Truth' to a Confucian nation in the far East and some had to sacrificed their life.

The first Australian missionary to Korea Henry Davies arrived in the land of Choson in 1889. From Seoul on the way to Busan he was infected small pox and developed pneumonia. He died as he arrived in Busan.

"Then of the settling with Menzies and Moore amongst the people of Busanjin in a Korea house, when there was scarce a Christian in the province, and with those amongst whom a house was bought for them by the help of their teacher regarded them with suspicion and dislike, and said 'Let us prevent these Westerners from living amongst us', being only dissuaded from carrying out their threats by the explanations of their teacher and of the former owner of the house." (The Chronicle, Feb 1918, 6)

At the hostile surroundings, the Australian missionaries began to build a relationship and trust with Koreans, they visited every corner of the province to teach the 'eternal life'. Especially those who were appointed as itinerant evangelists walked or sailed on primitive boats from inland Kuchang to Namhae archipelago. At every village they visited they had trouble with accommodation and food. Sometime they got native diseases and suffered sickness for long time or even died.

At some villages they initiated a faith community or assist people to build a church. Their effort was crucial for Christianity to settle down in Busan & Kyungnam Province. Those churches which have 100 and more year's history in the region are related with the Australian Mission one way or the other.

To name a few, Busanjin Church celebrates the 130 years in 2021 in Busan, and Byungyong

Church marks 130 years in Ulsan in 2025. In Jinju, Jinju Church marks 120 years in 2025 years and Moonchang Church celebrates 120 years in Masan in 2021. In Tongyung, Tongyung Church marks 120 years in 2025 and Kuchang people celebrated the 110 years in Kuchang in 2019.

The Australian Mission also ran Bible Schools for men and women at various towns. Those graduates from the schools later became leaders in the congregations.

"A series of Helpers classes was arranged for Chinju in November 1913, to last 16 days. Four missionaries and three Korean leaders were appointed as the teaching staff... The first session of the women's Bible school was held in May and June in Chinju. The teachers were Miss Niven, Mr Engel and Mrs JN Mackenzie. In the years immediately following it was held in Pusanchin." (Kerr & Anderson, 39)

The role of the Bible schools was significant to train church leaders in the province. The classes lasted until 1940 when the Japanese forced to close them. Naming some leaders of the Korean church who taught or graduated from the schools include Sim CM, Park SA, Chung DS, Kim MI, Lee CI, Kim DS, Kim KC, Chu KC, Son YW, Sim MT, Choi SL, Lee YS.

Especially the role of Bible Women who studied five years at the Bible School were significant. The work they carried out with the Australians should not be forgotten.

"This year, there were 44 students in the five classes, of whom 26 were in the dormitory. Of those who had completed the course, several are Biblewomen in mission employ, others are employed by the churches, some are teachers, some are abroad and some have answered the father's cal to come home." (The Chronicle, August 1930, 9)

At the same time, Gelson Engel taught at Pyengyang Seminary from 1919-1937 and the Australian mission built 'Victoria Dormitory' there for students from Busan and Kyungnam Province. His name was recorded on the graduate certificate of the first seven Koreans from the Seminary. He also served the General Assembly as the Moderator in 1913.

After the Korean War, Alan Stuart served at Busan Presbyterian Seminary as Principal. In

Seoul, John Brown and Chris Mostert taught at Presbyterian Theological Seminary, and Jessie McLaren and Dorothy Underwood at Ewha University.

In 2009, the churches in Korea and in Australia celebrated the 120 years of mission partnership. At that time, they announced a joint mission statement. The following is the fourth point.

"4. The Wholeness of Mission: Both churches seek to learn from the work of Australian Missionaries on Justice, Peace, and Integrity of Creation as well as seek to imitate the Christ who served the poor and the marginalized. (Luke 4:18-19)"

1   Australian Women Missionaries House 호주 여선교사의 집 1893
2   Missionaries and Visitors 여선교사들과 방문자들 1893

1   Busanjin & Harbour 부산진과 항구, 사진 아래 중앙과 오른쪽에 호주선교사관 지붕이 보인다. 1905년경
2   Busanjin Korean Houses 부산진 초가집. 1905년경

3   Busanjin Church & Australian Missionaries 부산진교회와 호주 선교사들 1896
4   Women's Bible School in Jinju 진주여성성경학교 졸업식 1907

1   Busanjin Church and Members 부산진교회와 교인들 1910
2   Adamson and his Staff at Masanpo 아담슨과 한국인 지도자들, 마산포 1910

3   Australian Visitors at Jinju Church 호주 대표단과 진주교회 1910
4   Australian Visitors at Hadong Church 호주 대표단과 하동교회 1910

1　　Leaders in Chinju Church Cunningham, Dr. McLaren, Park Youngsook, Park Sungae(from left) 진주교회의 지도자들 1914

2   Menzies' 25th Years Mission Celebration 멘지스 선교 25주년 기념 1916

3   Masanpo Church 마산포교회 1919

1   Changsin, Euisin Students & Church Members 창신, 의신 학생들과 교우들 1920

2   Kuchang Church Early Members and Missionaries 거창교회 초기 신도와 선교사들

3   Kuchang Church, 25th Anniversary 거창교회 25주년 기념 1934
4   KyungNam Men's Bible School 경남남자성경학원 1926
5   Jinju Bible Institute 진주성경학원 1928

1   McPhee on Pony 맥피 순회 전도 1926
2   KyungNam Women's Bible School, Scott, Laing, Alexander, Tait, Kelly 경남성경학원 교사와 졸업생 1926

3   Women's Bible School 경남여자성경학원 제3회 졸업생 수양회기념1927

1   Australian Mission Council in Korea 호주선교사공의회 1934
2   Lepers Church 나환자교회와 대표단 방문 1932
3   Elizabeth Dunn, James Stuckey, Catherine Ritchie 던, 스터키, 리체 1958

1   Masan Port viewed from McPhee's Grave 맥피의 무덤과 마산항
2   Memorial & Burial Garden of Australian Missionaries in Changwon 호주 선교사 묘원, 창원 2009

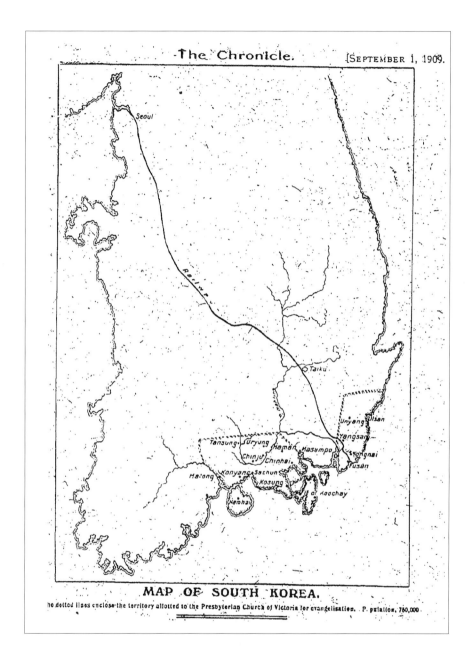

3   Map of Australian Mission Boundary 호주선교회 활동지역 지도 1909

가난한 자를
위한 병원
Hospital for the Poor

가난한 자를 위한 병원
Hospital for the Poor

"헬렌은 1952년 9월 17일 동생과 함께 부산 좌천동에 호주장로교선교회 선교사로 일신부인병원을 세웠다. 그녀는 설립 목적을 '본 병원은 그리스도의 명령과 본을 따라 그 정신으로 운영하며, 불우한 여성들의 영혼을 구원하고 육체적 고통을 덜어줌으로써 그리스도 봉사와 박애정신을 구현한다'고 공표하였다." (맥켄지가의 딸들, 90)

호주선교회의 주력 선교지인 부산선교부는 오래전부터 부산에 병원의 필요성을 느껴왔다. 그 옛날 휴커를 선교사가 부산에 시약소를 시작하고 병원으로 발전시키려 하였는데 추진되지 못하였고, 나환자들을 위하여 노블 맥켄지가 부산에 요양원을 설립 운영하였지만, 일반 서민들을 위한 병원은 아니었다.

그러다가 드디어 1952년 7월 7일 호주 빅토리아장로교는 부산에 병원 설립에 관한 헬렌 맥켄지의 안건을 승인하였고, 일신유치원 건물에서 의료 활동을 시작하였다. 문제는 병원 건물 건축이었고, 최소한의 직원으로 한국인 의사 3명과 30명의 간호사도 필요하였다.

1956년 호주 빅토리아여선교연합회의 지원과 미군, UN 등의 후원으로 마침내 호주선교회의 일신부인병원 건물이 완공되었다.

헬렌은 병원을 개원하는 자신의 소신에 대하여 다음과 같이 말하고 있다.

"환자들이 병원비를 지불할 능력이 있건 없건 간에 우리의 도움이 필요한 모든 환자를 반드시 치료한다는 것은 병원을 시작할 때부터 우리의 중요한 원칙이었다. 치료를 할 수 있는 한 누구도 돈이 없다는 이

헬렌 맥켄지
매혜란
(1913-2009)

출생지: 한국 부산
직업: 의사
선교지: 부산
선교내용: 일신부인병원 설립과 원장
헬렌의 기록:
"호주에서 병원 건립에 관한 소식이 들려왔을 때 우리가 얼마나 흥분
되었는지 모른다. 마침내 의료 사역을 할 수 있겠다는 기대 때문에도
그랬지만, 우리를 더 기쁘게 한 것은 호주교회의 신앙이 이 도전을 받
아들였다는 사실이었다. 우리가 병원에 관한 제안을 하였을 때는 너무
무리한 것이 아닌가 하였지만, 호주교회가 스스로 결정할 기회를 주어
야 한다고 생각하였다…. 그리고 그 결과는 정말 기적적이었다." (크
로니클, 1952년 9월, 5)

Name: Helen Mackenzie
Birth & Death: 1913-2009
Place of Birth: Busan, Korea
Profession: Medical Doctor
Place of Work: Busan
Major Work: Founder & Superintendent of Ilsin Women's
Hospital
Helen's Records: "I must tell you how terribly thrilled we
were when the news came from home about the hospital.
Of course we were thrilled with the prospects of being able
to work at last, but more than that we were thrilled by the
faith with which the home folk met the challenge... the result
certainly was miraculous." (Chronicle, September 1952, 5)

유로 돌려보내지 않았다." (한국 소풍이야기2, 86)

동시에 캐서린 맥켄지는 조산간호사로 간호조산사 반을 개강하였고, 한국인 학생들이 조산의 실제에 관한 강의를 받게 되었다. 1953년 10월 31일 조산원 강습 제1호 수료식을 거행하였고, 그 이후 많은 간호조산사를 배출하게 된다. 그녀는 후에 '간호조산학'이란 제목의 책을 한국어로 발간한다.

그뿐만아니라 병원에서는 질 좋은 영양식을 섭취하지 못하여 아기에게 젖을 공급하지 못하는 산모를 위하여 우유급식 방을 운영하였다. 호주에서 보내오는 가루우유가 주요한 공급원이었고, 4-5개월 지난 아기에게는 콩 우유를 공급하였다.

1953년의 연례보고서에 헬렌은 다음과 같이 기록하고 있다. 이 한 해 동안 전체 17,784명의 외래환자 중에 7,318명의 새 환자가 방문하였고, 1월에는 하루 평균 16명이었던 환자가 7월 이후에는 70-80명이 되었다. 입원환자는 1,175명이었고, 그들이 병원에 입원한 총일수는 7,389일 이었다. 일 년 동안 탄생한 신생아가 총 769명이었고, 그 중 57명은 가정집에서 출생하였다. 684번의 수술이 있었고, 그 중 70번은 대 수술이었다.

병원에서 일하는 직원은 1월에 총 11명으로 의사 1명, 매니저 1명, 간호사 5명, 보조자 4명이었다. 12월에 와서는 총 52명의 직원이 있었다.

입원환자의 40% 그리고 외래환자의 12%는 무료로 치료를 받았다. 또한 무료로 기증받은 약품들은 무료로 지급하였고, 우유급식 방의 우유도 무료로 공급하였다. 40명의 간호사와 6명의 의사도 훈련하였는데, 이것은 병원 직원 훈련프로그램에 더한 것이었다. (크로니클, 1954년 4월, 9-12)

이렇게 시작된 일신부인병원은 부산지역의 수많은 산모와 어린이들을 위하여 봉사하였고, 수많은 간호사들을 교육하고 훈련하여 전국으로 내보냈다. 동시에 호주에서 십 수 명의 선교사가 이 병원으로 파송되어 의료로 혹은 행정으로 봉사하였다. 1972년 헬렌은 병원 원장직을 한국인에게 이양하였고 1976년 퇴임 후 호주로 귀국하였다.

1982년 현재의 일신기독병원으로 명칭이 변경되었고, 1988년에는 부산경남 모자보건센터를 개소하였다. 1994년에는 장기려 박사가 세운 청십자병원을 인수하여 수정동에 일신청십자병원을 개원하기도 하였다. 또한 1999년에는 화명동에 화명일신기독병원을 개원하였다.

그러나 2천 년대에 들어서 일신병원의 경영 상태는 악화일로에 있었다. 출산율의 급감, 방만한 경영 그리고 대학병원의 출현 등이 그 원인이었다. 한때는 누적 적자가 너무 심각하여 병원 문을 닫아야 할 심각한 존폐 위기에 처하게 되었다.

이때 호주연합교회는 호주교회와 오랜 관계를 맺어오던 인명진 목사를 2005년 병원 이사회에 추천하였고, 후에 그는 이사장이 되었다. 그는 당시 적자 속에 있던 병원을 과감하게 구조 조정하였고, 병원의 노동조합도 현실적으로 인정하였다. 2008년 호주 선교사였던 맥켄지의 이름을 딴 맥켄지전문 진료센터를 개소하였다. 또한 1999년에는 화명일신기독병원을 개원하였고 마침내 2012년부터 병원의 경영은 흑자로 전환되는 성과를 이루었다. (인명진, 252)

부산경남에서의 호주선교회 의료 선교는 가난하고 억눌린 사람들을 위한 선교 정신의 일환이었다. 당시 한국 사회에서 가장 소외되었던 여성, 어린이, 병자, 천민 등을 위한 선교였고, 그 정신이 한국전쟁 후에는 일신기독병원을 통하여 현재까지 계속되고 있다. '일신'(매일 새롭게)이란 이름은 부산경남지역의 많은 사람들에게 호주선교회를 떠올리게 하는데, 일신기독병원과 그 유관 병원만이 지금까지 그 이름을 사용하고 있다.

"In 1952, the Australian missionary Helen with her sister started Ilsin Women's Hospital in Busan. The purpose of the establishment stated by her was 'According to the commend and taking Christ example, this hospital attempts to save unfortunate women's soul and relieve their physical pain, we implement Christ's service and sisterhood." (Daughters of Mackenzie Family, 90)

The Australian mission station in Busan felt a need for a general hospital for long time. Since Dr. Huge Currell initiated a dispensary there in 1902, establishing a hospital was never realized. There was a Leper hospital run by Nobel Mackenzie, but the service was not rendered to ordinary citizens.

In 1952, the Presbyterian Church in Victoria permitted a hospital proposal by Helen and Catherine Mackenzie and they commenced medical activity in a kindergarten building in Busan. However the question was how to raise the fund for building. They also needed at least three Korean doctors and 30 nurses to run the hospital.

Finally in 1956, the Ilsin Women's Hospital was built supported by PWMU and other agencies such as the US army in Busan and UN.

The hospital director Helen announced the following on the running the hospital.

"Whether the patients are able to pay or not, every patient who need our help should be treated. This is the main principal of our hospital from the beginning. We never turn them back for a reason of no money." (Story of Australian Mackenzie Family's Outing to Korea2, 86)

As a nurse, Catherine Mackenzie opened a Nurse Midwifery Course and Koreans was able to learn the theory and practice of midwifery. In 1953, the first batch of students received a certificate and then many were trained in the profession. She later published a book titled 'Nurse Midwifery' in Korean language.

The hospital also operated a Milk Station for women who could not provide breast feeding for their babies due to malnourishment. Powder milk from Australia was the main source for the milk room and bean milk was also offered for babies 4-5 months or older.

According to Helen's annual report in 1953, 7,318 different out patients were seen at a total of 17,784 visits. Whereas the daily average in January was 16, since July it was between 70 to 80, the most in the day being 140. In the in-patient department, 1,175 were admitted and they spent 7,389 days in the hospital, a daily average 20.2. This was not including babies born in the hospital. There were 769 deliveries, 57 of these in their own homes, and average three deliveries a day. There also were 684 operations, 70 of them major.

"In January our Korean staff were only 11 in number, one doctor, one business manager, five nurses and four servants. By December we were 52... Forty percent of the inpatients and twelve percent of the outpatient's treatment has been free... As we do not charge for drugs donated free, our scale of charges is very much lower than the private doctors... The milk station is entirely free." (The Chronicle, April 1954, 9-12)

Many mothers and babies in Busan and beyond received benefit from Ilsin Women's Hospital and countless nurses went out to the wider community after educated and trained at the hospital.

In 1982, the name of the hospital was changed to Ilsin Christian Hospital. In 1988, the hospital opened a separate Maternal and Child Health Center. In 1994, the hospital took over a blue cross hospital and operated in other part of Busan. In 1999, Hwamyung Ilsin Christian Hospital was opened on the periphery of Busan.

In the beginning of 2000, the Ilsin hospital fell into a financial crisis. The cause of the crisis attributed to decrease of birth rate, reckless management, and raise of university hospitals in Busan area. The deficit was so large; the hospital faced closure.

In 2005, the Uniting Church in Australia recommended In Myungjin to the hospital Board who had a long relationship with the church. He later became the Chairperson of the Board. In began the process restructuring of the hospital and the hospital labor union facing the crisis eventually worked with him. In 2008, the hospital opened a new Mackenzie Medical Centre. And finally in 2012, the hospital returned to surplus. (In, 252)

The medical mission in Busan and Kyungnam by the Australian Mission lined with the spirit of 'heal the sick, good news for the poor'. It has been a mission for the most marginalized member of the society including women, children, sick, low class. This spirit continued after the Korean War through Ilsin Christian Hospital. The name 'Ilsin'(Daily New) make people in the region to cherish the Australian Mission. The hospitals are now the only institute using the name in Korea.

1   Opening of Ilsin Hospital 일신부인병원 개원식 1952

2   Ilsin Temporary Ward 일신 임시병동 1953

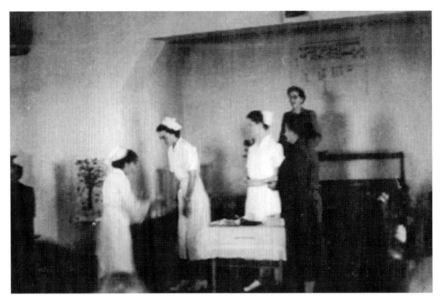

가
난
한

자
에
게

복
음
을

한
호
기
독
교
선
교
회

백
주
년
기
념
화
보
집

1   1st Midwifery Course Graduates 간호조산사 교육생 1회 수료식 1953
2   Corner Stone Laying 일신부인병원 정초식 1955

3   Dr. Helen Mackenzie & American Officers 미군장교들과 병원 건축을 상의하는 헬렌 1955
4   Ilsin Women's Hospital 일신부인병원 1956

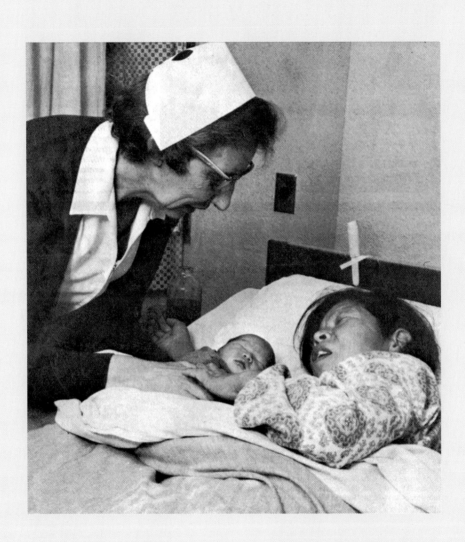

1   Helen & Mother & Baby 헬렌과 산모 1960년대

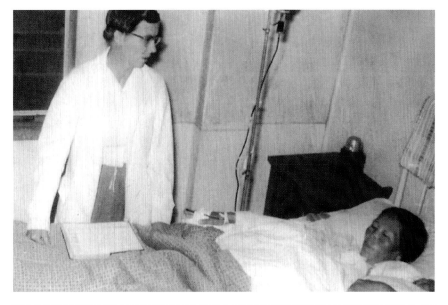

2   Helen and 10,000th Birth 헬렌과 만 번째 아기 1961
3   The 10th Anniversary 일신병원 10주년 1962

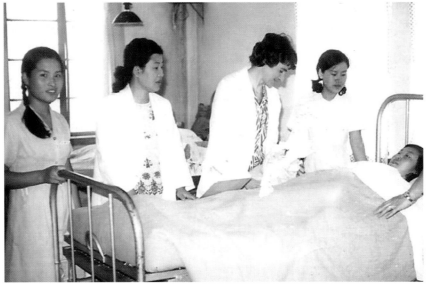

1   Catherine Mackenzie and Barbara Martin with Midwife course Graduates
     조산원 졸업식의 캐서린과 바바라 마틴 1965
2   Dr. Martin's Ward Round 바바라 마틴 회진 1970년대 초

3   Helen at Service in Rural Area 헬렌의 시골 왕진 1960년대

1   Mission for Christ Church of Kor & Aus 한호기독교선교회
2   Revs Andrew Dutney and In Myung Jin Holding up Helen's Medal
      호주연합교회 앤드류 더트니 총회장과 인명진 이사장이 헬렌의 훈장을 들어올리고 있다. 2012

1   Hwamyung Ilsin Christian Hospital 화명일신기독병원
2   Ilsin Christian Hospital 일신기독병원
3   Jeonggwan Ilsin Christian Hospital 정관일신기독병원
4   Mackenzie Ilsin Hospital 맥켄지일신기독병원

Opening of 'Stroy of Australian Mackenzie Family's Outing to Korea' 한국소풍이야기 전시회 개관식 2016

가난한 자에게 복음을 – 한호기독교선교회 백주년기념화보집

노동과
민주화운동
Labor and Democracy
Movement

노동과 민주화운동
Labor and Democracy Movement

Labor and Democracy Movement

Good News to the Poor

143

Centennial Memorial Photo Book of
Mission for Christ Church of Korea & Australia

한국전쟁 후, 1950년대 말과 60년대 초에 들어 한국 사회는 빠르게 공업화되고 있었다. 서울, 인천, 구미, 포항, 부산 등에 많은 공장지대가 형성되었고, 농촌의 남녀 청년들은 일자리를 찾아 도시로 몰려들었다. 특히 서울의 영등포 지역에 많은 공단이 들어섰고, 각 공장의 기숙사마다 노동자들이 넘쳐났다.

1964년 한국에는 호주 선교사 부부 총 17명이 있었고, 여전히 부산경남이 근거지였지만, 일의 영역은 확장되고 있었다. 1966년에 쓴 존 브라운 목사의 보고에는 다음과 같은 노동자들의 목소리와 선교의 필요성이 기록되어 있다.

"노동자 한명의 손이 기계에 절단되었는데 어떻게 해야 합니까?" "보상도 못 받고 해고 되었는데 어떻게 도와야 합니까?" "우리 공장에 공산주의자가 있는데 어떻게 대답해야 합니까?" "불교도나 무신론자 노동자들과는 어떻게 지내야 합니까?" 등등의 많은 질문들이 교회 안에 쏟아지고 있었다. (크로니클, 1966년 12월, 10)

대한예수교 장로회 총회는 이에 응답하여 1957년 총회 전도부 안에 '산업전도위원회'를 공식 승인하였고, 그 다음해에 산업전도위원회가 창립되어 전국의 각 공단 지구에 산업전도가 시작되었다. 영등포산업선교회는 1958년 출범하였다.

1965년, 예장 통합 총회의 전도부 요청으로 호주 선교사 리차드 우튼 목사가 영등포지구 산업선교회로 부임하였고, 그 다음해인 1966년 9월 1일 영등포산업선교회에 부임하였다.

호주선교회가 그동안 사회에서 소외되고 차별받던 사람들을 위한 선교를 해 왔다면, 우튼의 영등포산업선교회 부임은 그 당시 산업화 과정에서 가장 소외되고 가난한 사람들이었던 노동자들을 중심으로 한 선교의 연속성을 의미하는 것이었다.

그런데 흥미로운 것은 산업 선교 즉 '인더스트리얼 미션'이라는 이 용어는 호주선교회에 낯선 단어가 아니었다. 1900년대 초부터 호주선교회는 이 단어를 사용하면서 노동의 중요성을 강조하고 있었다.

"당시 한국의 농경 사회에서 선교사들은 소년 소녀들에게 기술을 가르쳐 직업을 갖도록 도와주었는 데, 통영에서의 산업 선교가 그 한 예이다... 한 선교사는 다음과 같이 보고서에 적고 있다. '만약 우리가 노동의 존엄성을 그들이 알도록 도와준다면 한국 사람들에게 우리는 큰 공헌을 하는 것이다.'" (커와 앤더슨, 19)

이렇게 호주교회는 개척적인 한국의 산업 전도에 부응하였고, 이로부터 호주선교회와 영등포산업선교회 간의 오랜 선교 동역 역사가

■ 스티브 라벤더
나병도
(1951-현재)

출생지: 호주 빅토리아 멜버른
직업: 회계사
선교지: 서울
선교내용: 영등포산업선교회 국제연대
라벤더의 기록:
"영등포산업선교회는 점점 더 노동자들을 지원하는 중심이 되었다. 5월에 경찰은 사무실을 급습하여 문서를 압수하였고, 인명진 목사를 체포하였고, 신용협동조합 문서도 압수하였다…. 나도 감시를 받고 있었다…. 결국 나의 비자 연장 신청은 거부당하였다. 나에게는 한국을 떠날 준비와 이별을 위한 시간으로 단 3일만 남았다." (스티브 라벤더, 미발표 문서, 2001)

Name: Steve Lavender
Birth & Death: 1951-Now
Place of Birth: Melbourne, Victoria Australia
Profession: Accountant
Place of Work: Seoul
Major Work: Youngdengpo Urban Industrial Mission, International Solidarity
Lavender's Records: "Youngdengpo Urban Industrial Mission then became even more a focus for activity in support of those workers. In May, the office was raided, documents were taken, Rev In Myung Jin was arrested and the credit union records were taken... I was under scrutiny... Finally my request for an extension of visa was refused. I then has three days to prepare to leave and say goodbye." (Steve Lavender, Unpublished paper, 2001)

시작되었다.

영등포산업선교회에 두 번째로 부임한 호주 선교사는 스티븐 라벤더였다. 그런데 그의 부임 배경에는 특별한 이야기가 있다. 그가 부임하기 전 영등포산업선교회에는 인명진이란 젊은 목사가 일하고 있었다. 그는 1972년부터 1984년까지 13년을 영등포산업선교회에서 일하였는데, 호주장로교회 총회가 그의 봉급을 지원하고 있었다. 당시 호주장로교회 해외선교부 총무였던 존 브라운이 있었기에 이루어진 일이었다.

호주선교회는 한국 선교 초기부터 한국인 일꾼들을 임명하여 협력하며 봉급을 주었고, 한국전쟁 이후에는 인명진을 지원함으로써 영등포산업선교회와 선교 동역을 하고 있었던 것이다. 인명진은 존 브라운에게 선교사 한 명을 파송해 줄 것을 요청하였는데, 그 제안은 다음과 같았다.

"첫째는 한국 사람이 사는 집에서 살아야 한다. 둘째, 영등포산업선교회의 실무자들이 받는 사례비 기준으로 월급을 받아야 한다. 셋째, 선교사에 대한 사례비는 호주교회가 직접 주어서는 안 되고 영등포산업선교위원회로 보내서 위원회가 지급해야 한다. 넷째, 영등포산업선교회 실무자들과 똑같은 시간, 똑같은 조건으로 일해야 한다. 마지막으로 산업 선교를 하기 전, 어학연수 이외에 영등포산업선교회 실무자로서 최소한의 훈련을 받아야 한다." (인명진, 200)

라벤더는 1976년 부임하여 앞서 언급된 제안대로 일하였다. 당시 한국의 군사정부는 독재를 반대하는 노동자들과 그들의 집회를 탄압하였는데, 라벤더는 노동자들을 만나 친교하며, 노사문제에 관심을 갖고 노동자 집회에도 참여하였다. 특히 그의 주요 활동은 영등포산업선교회에서 일어나는 여러 일들을 영문으로 전 세계의 관계 기관과 교회에 알리는 일이었다.

라벤더는 결국 정부의 미움을 받았고, 그의 비자 갱신이 거부되어 2년 만에 한국을 떠나게 되었다. 그의 입국 목적인 종교 활동보다는 정치 활동에 관여했기 때문이라는 것이 그 이유였다.

그 후에 새로운 호주선교동역자가 임명되어 계속 일하게 된다. 호주교회는 한국에서 진행되고 있는 산업 선교에서 영감을 받았고, 한국의 영등포산업선교회는 해외 교회의 지원과 선교사 일꾼이 절실히 필요하였다. 세계 교회와 연대, 해외 손님 안내와 훈련, 한국 정부와 관계 등에서 외국인 직원의 협력이 중요하였던 것이다.

다음으로 임명된 호주동역자들은 토니 도슨, 임경란, 데비 카슨, 엘렌 그린버그, 로한 잉글랜드였고, 2015년부터 현재까지 양명득이 영등포산업선교회의 산업 선교 역사와 함께하고 있다.

인명진 목사는 한국의 노동과 민주화운동에 대한 호주 선교사들의 공헌을 다음과 같이 평가하고 있다.

"결국 결론적으로 말할 수 있는 것은 영등포산업선교회가 공헌한 한국의 교회 역사에서뿐만 아니라 노동 운동 역사, 민주화운동 역사, 인권 운동 역사는 호주교회와의 협력 속에서 이룩한 성과였고, 그러므로 한국의 현대사와 한국교회 속에서 영등포산업선교회의 공헌이 있었다고 한다면 그 공은 마땅히 호주교회와 함께 나누어야 할 것이다." (인명진, 194)

●

After the Korean War in 1950s and 1960s, the Korean society rapidly became industrialized. Many large factory complexes were created in the major cities such as Seoul, Incheon, Gumi, Pohang, Busan, and young people from countryside rushed into the complex to find a work. Especially in Yongdungpo area in Seoul many factories were built and the workers overflowed in the company dormitories.

In 1964, the Australian missionaries in Korea were in total seventeen. Although the Busan and Kyungnam Province still stood as the major mission priority for them, the boundary was getting blurry and was expending to other territories. On the report of John Brown in 1966, he raised voice of laborers and a need of mission among them.

"They ask, 'How do we answer the communists in our factory?' 'What do we say to the Buddhist and atheist?' 'What do we say to Joe who had his leg cut off in a machine and was dismissed without compensation or hospital expenses?' The Church has appointed some chaplains... encourage and guide Christian men and women working in factories." (The Chronicle, Dec 1966, 10)

The Presbyterian Church in Korea(PCK) responded to this call approving a 'Industrial Evangelism Committee' within the Evangelism Department of General Assembly in 1957. In the following year, similar committees got up in the major industrialized cities working with the factory workers. Youngdungpo Urban Industrial Mission(YDP-UIM) in Seoul was established in 1958.

In 1965, an Australian missionary Richard Wootton by the invitation of the PCK took office at industrial mission in Youngdungpo area and the following year he started his work at YDP-UIM.

This new work for the Australian Mission in Korea was in the line of working along with the alienated and discriminated in the society. Wootton's work illustrated the continuation of the mission in a different context in modern Korea.

However, the word 'industrial mission' itself was not a new term for the Australian Mission. From the beginning of 1900s, they used this word and emphasized the importance of the laboring for living.

"The Industrial department continues to assert itself as being an important feature of our work... We make a great contribution to the people of Korea if we help them to recognize the dignity of labour." (Kerr & Anderson, 63-64)

In this manner, the Australian mission positively responded to the industrial mission in Korea and the long year's relationship between the Australian Mission and YDP-UIM was embarked on.

Steve Lavender was the second personnel who came to YDP-UIM. In the background of his coming to Korea, there was a unique story. At the time, a young Korean pastor called In Myungjin was working at YDP-UIM and the Presbyterian Church in Australia and later Uniting Church in Australia supported his salary from 1972-1984. It was possible because of John Brown who worked in Korea before.

In fact, from the early stage of the Australian Mission in Korea, they employed Koreans to assist their projects and mission. After the Korean War, they assisted In showing practical solidarity to YDP-UIM. At that time, In asked Brown to send a worker in the place of Wootton from Australia. The following was the part of his request.

"Firstly, the person should live in a same accommodation with the workers. Secondly, the salary should be in a similar level with the workers of YDP-UIM. Thirdly, the salary should be paid to him through our Committee rather than directly paid by your church. Fourthly, the person should work under the same condition and amount of time as YDP-UIM workers. Lastly, before the person start the work with us, the person should not only study Korean language but also receive some industrial mission training." (In, 200)

Lavender arrived in Korea in 1976 and cooperated with all the requests. During the time of Korean history, the military regime oppressed the laborers and their protest against the dictatorship. Lavender got to learn the situation and worked along with the laborers. He also participated in the demonstration against the Government. His major role especially was to let the wider world know about the harsh conditions of workers through the media of English.

He eventually was targeted by the Government and he was denied in extending the visa. The reason of the rejection was more of involvement in the political cause rather than working in the arena of religion.

After the event, other mission co-workers from Australia came to YDP-UIM and continued with the work. YDP-UIM needed a support and solidarity from overseas churches and the Australian churches were inspired by the industrial mission going on in Korea.

Followings are the people who worked at YDP-UIM; Tony Dowson, Kelly Yim, Debbie Carstens, Ellen Greenberg, Rohan England. Nowadays Myong Duk Yang has been working there since 2015.

In Myungjin emphasizes that the contribution of the Australian Mission made for the labour movement and democratization of Korea has not been unnoticed.

"In conclusion, the YDP-UIM made significant contributions to the development of labour and human rights and the democratization of South Korea in co-operation with the Australian churches. Therefore if the merit of YDP-UIM is to be recorded in the modern history of Korea, they should also be remembered." (In, 194)

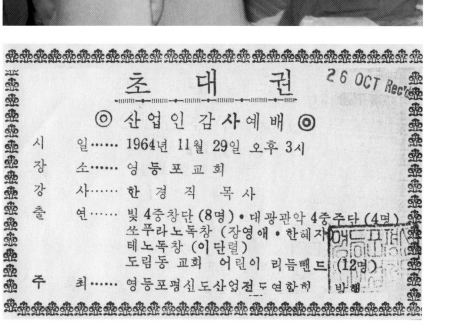

1   The Early Industrial Mission Leaders 계효언 목사와 초창기 산업 전도 지도자들 1958

2   Worker's Thanksgiving Service Invitation 산업인 감사예배 초대장 1964

1   Labour Sunday 노동주일 예배 1965

2   Worker's Thanksgiving Service 산업인 감사예배 1970
3   Education class for Women Workers 여성노동자 의식화 교육 1970년대

제 3 회
도시 산업지구 목회자 쎄미나
THE 3rd URBAN, INDUSTRIAL
PASTORS' SEMINAR

주 제
현대 사회와 목회자의 지세
PASTORS' ATTITUDE IN MODERN SOCIETY

URBAN INDUSTRIAL MISSION
YONG DONGPO

때 : 1970. 11. 2(월) ～ 3(화)
곳 : 서울 중앙 YMCA 회관
주 최 : 영등포-도시 산업선교 연합회
후 원 . 호 주 선 교 부

1   YDP-UIM Seminar sponsered by the Australian Mission 영등포산업선교회 목회자 세미나 1970

2   Cho Ji Song & In Myung Jin 조지송과 인명진 1970년대

3   Steve Labender and his Friends 스티브 라벤더와 친구들 1977

1　　Richard Wootton and YDP-UIM Staff 리차드 우튼과 영등포산업선교회 실무자들 1980년경

2   Workers Demonstration at YDP-UIM 영등포산업선교회 회관 앞 노동집회 1970년대

3   YDP-UIM Building 영등포산업선교회 회관 1980년대

1   YDP-UIM Flag 영등포산업선교회 깃발
2   Meeting for Trade Union, Tony Dawson 노조탄압대책회의와 토니 도슨 1980년대 초

3   School for Laborers & Debbie Carstens 노동자학교와 데비 카슨 1992
4   Ellen Greenberg and her Friends 엘렌 그린버그와 친구들 1996

Korea Christian Historical Site Number 8 한국기독교 사적 8호 2010

Human Rights Seoul for YDP-UIM 서울시 노동자 인권센터 지정 2016

1   Cathy Perera & Myong Duk Yang at Busan Presbytery 호주연합교회 총회 캐시 페레라와 양명득, 부산노회에서 2011
2   The 60th Anniversary of YDP-YIM 영등포산업선교회 60주년 기념예식 2018

참고 도서

김경석, 『부산의 기독교 초기선교사』, 한세, 2013.

빅토리아여선교연합회, 「더 미셔너리 크로니클」, 멜버른, 1906-1966.

서상록, 양명득, 『호주선교사 에이미 스키너와 통영』, 동연, 2019.

양명득, 『눌린자에게 자유를 - 영등포산업선교회 선교활동 문서집』, 동연, 2019.

양명득, 『호주선교사 열전 - 부산과 서울』, 동연, 2021.

이상규, 양명득, 『호주선교사 열전 - 진주와 통영』, 동연, 2019.

인명진, "영등포산업선교회와 호주교회", 『호주교회와 한국교회 이야기』, 한장사, 2012.

정병준, 『호주장로회 선교사들의 신학사상과 한국선교』, 한국기독교역사연구소, 2007.

정춘숙 엮음, 『맥켄지가의 딸들』, 글꼴, 2012.

조헌국, 『호주선교사 커를과 그의 동료들』, 한국문화사, 2019.

존 브라운 저, 정병준 역, 『은혜의 증인들』, 한장사, 2009.

커와 앤더슨 저, 양명득 역, 『호주장로교 한국선교 역사 1889-1941』, 동연, 2017.

호주선교사 공의회, 「더 레코드」, 부산진, 1911.

Australian Presbyterian Mission Council in Korea, *Extracts from the Records of the Australian Presbyterian Mission in Korea*, Seoul, 1909-1940.

Edith Kerr & G Anderson, *The Presbyterian Mission in Korea 1889-1941*, Board of Mission, 1970.

Presbyterian Women's Missionary Union in Victoria, *The Chronicle of the Presbyterian Women's Missionary Union in Victoria*, Melbourne, 1906-1966.

사진 제공

호주장로교회 고문서관, 호주연합교회 고문서관, 부산진교회, 진주교회, 양지재활원, 일신기독병원, 경남성시화 운동본부, 호주선교사기념사업회, 민주화운동기념사업회, 영등포산업선교회 등.